I0749172

ԸՆԿԵՐ Բ. ՓԱՆՋՈՒՆԻ

ԵՐՎԱՆԴ ՕՏՅԱՆ

Ընկեր Բ. Փանջունի

Հրատարակված է Ամերիկայի Միացյալ Նահանգներում:

ISNB: 978-1-64439-862-3

ԸՆԿ. Բ. ՓԱՆՋՈՒՆԻ Ի ԾԱՊԼՎԱՐ

ԿԵՆՍԱԳՐԱԿԱՆ ՆՈԹԵՐ ԸՆԿԵՐ Բ. ՓԱՆՋՈՒՆԻԻ ՄԱՍԻՆ

Կյանք մը որ տակավին իր ամբողջ շրջափոխությունները չէ կատարած և իր գործունեության ամենեն եռանդուն փուլին մեջ կը գտնվի, կարելի չէ լիակատար կերպով ներկայացնել և նույնիսկ անխոհեմ հանդգնություն մըն է այդպիսի կյանքի մը վրա դատաստան կտրել կամ կարծիք հայտնելը:

Ուստի ապագա կենսագիրներու թողլով ընկեր Փանջունիի վարքն ու արարքները իրենց ամբողջությամբը ներկայացնելու այնքա՛ն դժվար որքան անհրաժեշտ աշխատությունը, ես պիտի գոհանամ կցկտուր ծանոթություններ տալով միայն ընկերվարական նամականիի հերոսին վրա, պարզապես նյութեր՝ ապագա կենսագիրներու գործը դյուրացնելու նպատակով, և կամ սանկ ըսեմ՝ ատաղձներ այն հիշատակարանին համար զոր երախտագետ հայությունը օր մը պիտի կանգնե իր հերոսներուն ի պատիվ:

Ընկեր Փանջունի կրտսեր զավակն է տրապիզոնցի ընտանիքի մը ու ծնած է 1875-ին: Մայրը տղաբերքի հետևանքով մեռած է, առանց կարենալ սնուցանելու իր երախան զոր մեծցուցած են այծի կաթով: Ուրիշ կենսագիր մը գուցե հետևություններ հանել փորձեր այս աննշան դիպվածեն՝ ընկեր Փանջունիի ունայնամտությունն ու թեթևությունը վերագրելով իր առած այդ նախնական սնունդին: Ես, ինչպես ըսի, չեմ ուզեր ոնէ դատաստան ընել, այլ կը բավականանամ իրողությունները արձանագրելով:

Փանջունի շատ ուշ լեզու ելած է, բայց անգամ մը խոսիլ սկսելէ ետքը, ա՜լ բերանը դյուրավ չէ գոցած: Քանի կը մեծնար, այնքա՜ն կ'աճեր իր խոսելու կատաղությունը, այն աստիճան որ խե՜ղճ հայրը ստիպվեցավ բժիշկի դիմել այդ անսովոր երևույթին դարման մը գտնելու համար: Բժիշկը քննեց տղան, լեզուն նայեցավ, կոկորդը նայեցավ, աչքերուն նայեցավ և վճռաբար ըսավ հորը.

— Ճար ու դարման չկա, այս տղան միշտ պիտի խոսի:

— Բայց տանը մեջ ա՜լ դիմացվելիք բան չէ:

— Բամպակ թխեցեք ականջնիդ, այս է միակ միջոցը,— պատասխանեց բժիշկը:

Հակառակ իր խոսելու մարմաջին՝ փոքրիկն Փանջունի հաճախ սխալ կը գործածեր բառերը, բոլորովին աղավաղելով անոնց նշանակությունը: Օր մը սեղանի մը վրա դրված արժեքավոր անոթ մը կ'առնե ու գետին նետելով ջարդ ու փշուր կ'ընե:

Հայրը, իրիկունը գործեն վերադարձին, կը տեսնե եղածը և տղան կանչելով ու անոթին կտորտանքները ցույց տալով կը գոչե.

— Տո՜, ի՞նչ ես ըրեր անոթը:

— Շինեցի, հայրի՜կ,— կը պատասխանե փոքրիկ Փանջունի միամիտ համոզումով մը:

— Տո ի՜նչ շինել, կոտրեր ես, շա՜ն զավակ:

— Չէ՜, հայրիկ, շինեցի,— կը պնդե տղան:

Ի զո՜ւր հայրը երկար– բարակ կը բացատրե թե՝ երբ առարկա մը գետին նետելով կտոր-կտոր կ'ընենք, այդ գործողությունը շինել բառով չի բացատրվիր այլ կոտրել: Անկարելի եղավ բառագիտական այդ նրբությունը հասկցնել Փանջունիի, որ շարունակեց տանը մեջ գտնված զավաթները, պնակները, շիշերը կոտրտել և ամեն անգամ որ «Ի՞նչ կ'ընես կոր» ըսելով զինքը կը հանդիմանեին, անդրդվելի ու անխռով կը պատասխաներ.

— Կը շինեմ կոր:

Դպրոցին մեջ Փանջունի ընկերներուն հետ վիճելով ու ճառ խոսելով ժամանակ կ'անցըներ, իսկ դասերուն բնավ չէր հետևեր, չհավնելով կա՛մ դասատուին, կա՛մ դասագրքին, կա՛մ դասարանին և կամ տետրակին ու գրչի ծայրին:

Օր մը թվաբանության խնդրի մը մասին վեճ ունեցավ իր դասընկերներեն մեկուն հետ:

— Հինգ անգամ հինգ՝ քսանըհինգ կ'ընե,— կ'ըսեր ընկերը, որ ողջամիտ տղա մըն էր և որ հետո հարուստ վաշխառու մը եղավ:

— Չէ՛,— կը համառեր Փանջունի,— հինգ անգամ հինգ՝ հիսուն կ'ընե:

— Ո՛չ, քսանըհինգ կ'ընե:

— Հիսուն կ'ընե:

Մյուսը տեսնելով որ դժվար,— ի՛նչ կ'ըսեմ անկարելի,— է խոսք հասկցնել Փանջունիի և չուզելով անօգուտ կռիվի մը տեղի տալ, հաշտարար հոգիով մը պատասխանեց.

— Լա՛վ, ես թո՛ղ այնպես գիտնամ թե՝ քսանըհինգ կ'ընե, դուն ալ այնպես գիտցիր թե՝ հիսուն կ'ընե, ու ա՛լ չխոսինք այդ մասին ու երթանք միատեղ գնդակ խաղանք:

— Չ'ըլլար,— պնդեց Փանջունի,— պետք է որ նախ համոզվիս թե հինգ անգամ հինգ հիսուն կ'ընե:

— Այդ անկարելի է:

— Անպատճառ պետք է որ քեզ համոզեմ,— շարունակեց մեր հերոսը, հետզհետե բորբոքելով:

— Երբեք չեմ կրնար համոզվիլ և դուն ալ երբեք չես կրնար ապացուցանել ըսածդ,— պատասխանեց ապագա վաշխառուն:

— Չեմ կրնար ապացուցանե՛լ, չեմ կրնար ապացուցանե՛լ,— մռնչեց Փանջունի,— ա՛ռ քեզի համոզիչ ապացույց մը:

Եվ գետնեն քար մը առնելով իջեցուց խոսակցին գլխուն:

Գլուխը վիրավորվեցավ թեթևապես, բայց տղան կրկին համոզում չգոյացուց թե՝ հինգ անգամ հինգ կրնա հիսուն ընել, և լալով գնաց բողոքել վարժապետին: Վարժապետը իսկույն կանչեց Փանջունին և՝

— Ինչո՞ւ ընկերոջդ գլուխը պատռեցի՞ր,— գոչեց ձայնով մը որով Եհովա ըսած էր Կայենին՝ «Ի՞նչ ըրիր քու եղբորդ»:

— Ջինքը համոզելու համար,— պատասխանեց ապագա պրոփականտիսթը հանդիսավորապես:

Հայրը տեսնելով իր զավկին այս տարօրինակ ընթացքը, հաճախ ակռաները կճրտելով կը պոռար.

— Փորձա՛նք պիտի ըլլաս, փորձա՛նք...

Խեղճ մարդը կը սխալեր իր լավատեսությանը մեջ: Փանջունի փորձանք չպիտի ըլլար, այլ հեղափոխական գործիչ:

***

Տասնևյոթը տարեկան պատանի մըն էր Փանջունի երբ իր հայրը կորսնցուց: Երեց եղբայրը, որ իրմե տասը տարեկան մեծ էր, արդեն իսկ ամուսնացած, տուն-տեղ եղած վաճառական մըն էր, բավական լավ դիրքի տեր: Իր հոր մահվընեն հազիվ ամիս մը ետքը Փանջունի արդեն զճտված էր անոր հետ և տունը թողած պահանջելով իր ժառանգության բաժինը: Եղբայրը, առանց դժվարության, անմիջապես հանձնեց 800 ոսկիի մոտ գումար մը, որ Փանջունիի ամբողջ ժառանգությունը կը ներկայացներ:

Մեր պատանին դրամը առնելով Պոլիս եկավ, երեք տարի անձնդյուր կյանք մը վարեց և օր մըն ալ տեսավ որ փարա մը չէ մնացած գրպանը: Այն ատեն եղբայրասիրական զգացումները արթնցան իր մեջ, գորովալից նամակ մը գրեց Տրապիզոն և իր կարոտակեզ սերը հայտնելով՝ ճամբու ծախք մը ուզեց իր հայրենի երդիքը վերադառնալու համար:

Եղբայրը «Կորուսյալ էր և գտավ»-ի տպավորության տակ՝ իսկույն պետք եղած գումարը ղրկեց Փանջունիի որ երկու շաբաթ ետքը հասավ Տրապիզոն ու ինկավ եղբորը թևերուն մեջ:

Փանջունին տեսավ որ երեք տարվան միջոցին իր անդրանիկը կրկնապատկած էր հարստությունը և շնորհիվ իր գործունյա աշխատասիրության, քաղաքին մեջ առաջնակարգ դիրք մը գրաված. մյուս կողմե տեսավ նաև որ այդ ժամանակամիջոցին ինք փճացուցած էր ամբողջ իր ժառանգությունը և այսօր փարա մը չկար գրպանը: Այս երկու տեսողությունները իրարու մոտեցուց, իրար խառնեց, բաղադրեց, քննեց, տարրալուծեց և այդ քիմիական գործողություններեն իր մեջ ծնավ ընկերվարությունը:

Այն ատեն ըմբռնեց թե ի՜նչ դժոխային անարդարություն էր քափիթալիզմը, և թե ի՜նչ հրամայողական պահանջք էր հարստության հավասար բաժանում: Փանջունին գտած էր իր Դամասկոսի ճամբան. «Եղիցի լույս»–ը հնչած էր իր մտքին մեջ:

Ընկերվարական էր:

Ու ա՜լ Տրապիզոնի խաղաղիկ սրճարաններուն մեջ, առտվընե մինչև իրիկուն, կը լսվեր Փանջունիի ձայնը, որ կը գոռար, կ'որոտար ընկերային անիրավությանց դեմ, որ կը սպառնար կործանել, բնաջինջ ընել ամեն բան: Վեհերոտները սարսափահար մտիկ կ'ընեին իրեն, միամիտները ապշահար կը նայեին այդ անդադար խոսող մարդուն, իսկ խելացիները քիթերնուն տակեն խնդալով՝ կ'երթային իրենց գործին:

Իսկ ա՜ն կը խոսեր, կը խոսեր ու կը խոսեր:

Խեղճ եղբայրը՝ շվարած շլմորած՝ չէր գիտեր ինչպե՜ս ազատիլ այս փորձանքեն:

Վերջապես օր մը ըսավ Փանջունիի.

— Եղբայր, բան մը մտածեցի:

— Զարմանալի բան,— պատասխանեց մեր հերոսը:

— Ինչո՞ւ, ի՞նչ բան զարմանալի կը գտնաս,– հարցուց մյուսը շփոթած:

— Զարմանալի է որ բան մը կրցած ես մտածել,— ըսավ Փանջունին,— որովհետև դուք վաճառականներդ, քափիթալիսթներդ մտածելու կարողություն չունիք:

Փանջունի այսպես սիրուն խոսքեր շատ ուներ և եղբայրը վարժված էր անոնց, ուստի առանց բարկանալու իր խոսքը շարունակեց.

— Մտածեցի, որ փոխանակ հոս պարապ ժամանակ անցընելու, քեզ Մարսիլիա վաճառականական դպրոցը ղրկեմ, ուր երեք տարի մնալով կրնաս վկայականդ առնել և հոս վերադառնալ, ուր միասին կը շարունակենք իմ գործս:

Եվրոպայի մեջ ուսանող ըլլալու գաղափարը ժպտեցավ Փանջունիի, որ անմիջապես պատասխանեց.

— Շատ լավ գաղափար է, և սիրով կ'ընդունիմ:

Ամիս մը վերջը Փանջունի երկու ձեռքը մեյ մեկ պայուսակ ժոլիեթի քարափը կը դներ ոտքը:

Շաբաթ մը մնաց Մարսիլիո մեջ, վաճառականական դպրոցը այցելեց, ծրագիրը աչքե անցուց, գործին չեկավ ու շոգեկառք նստելով գնաց Ժընև, ուր արձանագրվեցավ իբրև սոցիալ գիտություններու ազատ ուսանող:

***

Սոցիալ գիտություններու ազատ ուսանողի կյանքը չորս տարի տևեց և այդ չորս տարվան միջոցին Փանջունի հինգ անգամ գնաց այն համալսարանը, ուր, արձանագրված էր:

Առաջին անգամ՝ սուլելու համար պատմության դասախոսը, որ Ֆրանսական մեծ հեղափոխությունը գովաբանած էր, պախարակելով սակայն Պապենֆի և իր կուսակիցներուն հախուռն գաղափարները: Երկրորդ գնաց ցույց մը ընելու համար ընկերվարական դասախոսի մը դեմ, որ քննադատած էր ռուս ոչնչականությունը[1]: Երրորդ

[1] Ռուս ոչնչականությունը — ռուսական նիհիլիզմը: 19-րդ դարի 60-ական թթ. ռուս ռազնոչին մտավորականության մեջ տարածում գտած ուղղություն, որ ժխտական վերաբերմունք ուներ ազնվական հասարակության հիմքերի և ավանդների նկատմամբ: (Բոլոր ծանոթագրությունները Լևոն Հախվերդյաննին են, եթե չի նշված այլ հեղինակ:)

անգամ գնաց բողոքելու համար իմաստասիրության ուսուցչին դեմ՝ որ պետք եղած խանդավառությունը ցույց չէր տված Քրոփոթքինի վարդապետությանց[2]: Չորրորդ անգամ՝ ձմեռ ատեն, գնաց համալսարան, որովհետև իր սենյակին մեջ ցուրտ էր ու վառելանյութը կը պակսեր և գարեջրատուն երթալու դրամ չուներ քովը: Եվ, վերջապես, հինգերորդ անգամ գնաց սպանիացի ուսանողներու հետ ծեծ մը քաշելու համար ուսուցչի մը, որ Պարսելոնի անիշխանական արարքները քննադատած էր: Այս վերջին այցելությունը պատճառ եղավ որ զինքը արտաքսեն համալսարանեն և անունը ջնջեն ուսանողներու արձանագրության տետրակեն:

Համալսարան հաճախած այս սուղ վայրկյաններեն դուրս, Փանջունի իր ժամանակը կ'անցըներ հայ և ռուս հեղափոխական ընկերներու հետ վիճաբանելով ընկերային հարցերու մասին: Գարեջրատունները, որոնց մեջ կը լուծվեին մարդկային ընկերությունը տանջող բոլոր խնդիրները, իր գլխավոր կայաններն էին, իր անառիկ մարտկոցները ուրկե կը ռմբակոծեր աշխարհի բոլոր կեղտոտ պուրժուաները, կեղեքիչ քափիթալիսթները, չխնայելով նույնիսկ եղբորը, որ կը շարունակեր ամսական երկու հարյուր ֆրանք ղրկել, ոչ թե խեր մը սպասելով Փանջունիեն, այլ որպեսզի ականջը տինջ ըլլա:

Եվ սակայն 96-ի ջարդերը վրա հասեր էին, եղբորը գործերը ավրվեր, ինք հալածվեր, բանտարկվեր, փճացեր էր և օր մըն ալ ստիպվեր էր ամեն բան թողլով կինն ու զավակները առնել և հեռանալ Տրապիզոնեն՝ դեպի արտասահման:

Նամակ մը ստացավ Փանջունի, որով իրեն իմաց կը տրվեր թե այլևս եղբորմեն 10-ը փարա հուսալու չէր:

---

[2] Քրոփոթքինի վարդապետությունը — Կրոպոտկինի ուսմունքը: Պ. Ա. Կրոպոտկին (1842—1921) — ռուսական և միջազգային անարխիզմի գաղափարախոսը, աշխարհագրագետ և ճանապարհորդ:

— Կեղտո՛տ արարած,– գոչեց Փանջունի, բռունցքը սպառնագին դեպի վեր բարձրացնելով:

Այսպիսի ժեսթեր հաճախ ուներ մեր հերոսը, որ իր ըմբոստ խառնվածքը կը հատկանշեին:

Ամսական 200 ֆրանքի այս հանկարծական դադարումը խանգարեց իր սոցիալ գիտություններու ազատ ուսանողի հանգստավետ կյանքը որով կը հուսար տակավին երկար տարիներ ապրիլ: Կամաց-կամաց չքավորությունը իր ժանտ երեսը ցուցուց և Փանջունի իր անձին վրա ճանչցավ pauperisme–ը[3] իր ամեն անհաճո երևույթներովը:

Իր ուսանող բարեկամները ժամանակ մը օգնեցին իրեն բայց օր մըն ալ երթաս բարովը դրին, թեև շատ փափկորեն:

— Ինչպե՞ս այս վատ դրութենեն դուրս պիտի ելլեմ,— ըսավ այդ հուսահատական օրերուն իր բարեկամներեն մեկուն, որ ուսանող, հեղափոխական և խմբագիր էր միանգամայն:

— Եկո՛ւր քեզ հեղափոխական գործիչ շինենք,— ըսավ բարեկամը.— խոսելու դյուրություն ունիս այդ բավ է:

Ծովը իյնողը օձին կը փաթթվի, կ'ըսե առածը, մեր մեջ ալ կարելի է ըսել թե՝ անոթի մնացողը հեղափոխական կ'ըլլա:

Փանջունի ընդունեց առաջարկը:

Ամիս մը ետքը մեր հերոսը ճամբա ելավ դեպի Պուլկարիա «կենաց բանը» քարոզելու, հետո անցավ Հունաստան, հետո՝ Եգիպտոս և ի վերջո Պարսկաստան և Կովկաս: Իր տաք, համոզված, եռանդուն և անխոնջ պերճախոսությունը կը հրդեհեր սառած հոգիները, կը պրկեր, կը զորացներ թուլցած ջիղերը և կը խանդավառեր միամիտ էությունները: Իր պաշտոնն էր ֆետայիներու հրոսախումբեր կազմակերպել ու զանոնք երկիր ղրկել, ինք մնալով արտասահմանի մեջ:

---

[3] Pauperisme — պաուպերիզմ. աշխատավոր զանգվածների ծայրահեղ աղքատություն:

— Մենք ժամկոչներու կը նմանինք,— կ'ըսեր հաճախ,— զանգակահարությամբ ուրիշները կը հրավիրենք ու եկեղեցի կը մտցնենք, իսկ մենք դուրսը կը մնանք:

Ազնի՜վ անձնազոհություն:

Փանջունի հեղափոխական այս տենդոտ գործունեության մեջ էր պարսկական սահմանագլխին վրա, երբ հանկարծ լուր ստացավ թե Սահմանադրությունը հռչակված է Թուրքիո մեջ[4], բանտարկյալներու ընդհանուր ներում եղած է, մամուլի ազատություն տրված է և թե ամեն մարդ ազատորեն կրնա Թուրքիա մտնել:

Այս անակնկալ եղելությունները ափ ի բերան թողուցին մեր հերոսը:

— Մեր գործը պրծա՜վ,— մտածեց մելամաղձոտ մտատանջությամբ մը:

Սակայն Փանջունի իր հստակատեսության մեջ կը սխալեր: Բուն գործը հիմա պիտի սկսեր:

Երբ քանի մը շաբաթ ետքը ստացավ Կ. Պոլսո հայ թերթերը, երբ տեսավ կուսակցություններու խելահեղ արշավանքը նույն «Բյուզանդիոնի» վրա, երբ կարդաց խռոված ճառերը, պոլսեցիներու միամիտ խանդավառությունը, «Ազատությունը մենք բերինք»–ի հրաշալի գյուտը, ավելի սահմռկեցուցիչ քան Մարքոնիի անթել հեռագիրն ու ռենտկենյան ճառագայթները, այն ատեն մեր գործիչը լայնեզր գլխարկը գլուխը դրավ, պայուսակը ձեռք առավ և օր մըն ալ օդաքարի մը պես

---

[4] Սահմանադրությունը հռչակված է Թուրքիո մեջ — խոսքը վերաբերում է 1908 թ. հուլիսին, երիտթուրքերի կուսակցության ճնշման տակ, Թուրքիայում հռչակված սահմանադրությանը, որը 1876 թ. Սահմանադրության վերականգնումն էր: Դրանով Թուրքիան դառնում էր սահմանադրական միապետություն: Պետական խորհրդի նիստից անմիջապես հետո հուլիսի 23-ի լույս 24-ի գիշերը հեռագիրը կայսրության բոլոր ծայրամասերը հղեց հաղորդում այն մասին, որ սուլթան Աբդուլ Համիդն այսուհետև իր հպատակներին շնորհում է պետության կառավարման սահմանադրական կարգ:

ինկավ Պոլիս, ինքն ալ իր կարգին քիչ մըն ալ ճաթեցնելու համար տրամադիր գլուխները:

Բայց տեղերը բռնված էին, ուշ հասած էր Օֆենպախի Brigands[5]–ներու զինվորներուն պես: Իրավ է որ ութը տասը «դասախոսություններ» ըրավ թաղերու մեջ, իրա՛վ է, որ Բարիզի Կոնգրեսին հրաշքները հազներգեց Վոսփորի երկու ափերուն վրա, բայց, ափսո՜ս, ականջները ա՛լ սկսած էին հափրանալ: Բաց աստի, իր պերճախոսությունը չէր հասներ Ակնունիներու և Շահրիկյաններու պերճախոսության կրակին, որուն վարժված էին պոլսեցիները, ինչպես անշուշտ մենք մեղավորներս ալ օր մը պիտի վարժվինք դժոխքի կրակին, ուստի իր խոսքերը հաճախ ցուրտ տպավորություն կը թողեին ունկնդիրներուն վրա:

Այն ատեն Փանջունի վճռական որոշում մը տվավ:

Պոլիսեն ավելի՝ հարկ անհրաժեշտ էր գավառը զարթեցնել, լուսավորել, հեղափոխել:

Ու մեկնեցավ Արաբկիր, անկե Ծապլվար, ուր հաստատեց իր գործունեության կեդրոնը:

Հետագա նամակներուն մեջ պիտի տեսնենք այս գործունեությունը, որ զուրկ չէ տեսակ մը վեհափառութենե, գոնե ոմանց համար:

ՆԱԽԱԲԱՆԻ ՏԵՂ

Եթե բանագող մը ըլլայի, պետք չպիտի զգայի այս քանի մը բացատրողական տողերը գրելու և ձայն չհանած՝ պիտի որդեգրեի այն նամակներու ծրարը որ դիպվածին մեկ

[5]Brigands — ավազակախմբեր: Հեղինակը նկատի ունի ֆրանսիական կոմպոզիտոր Օֆենբախի օպերետներում հանդես բերված ավազակներին:

քմահաճույքովը ձեռքս հասավ և զոր «Բյուզանդիոն»–ի[6] միջոցով կ'ուզեմ պարբերաբար հաղորդել հասարակության:

Տասներկուքի չափ են այն նամակներն և տարվան մը միջոցին գրված: Բնագրին մեջ լեզուն կովկասահայ բարբառին ավելի կը մոտենա և գրեթե կը նույնանա անոր հետ, սակայն ես հարկ համարեցի, ընթերցողներու դյուրության համար, մեր աշխարհաբարին վերածել կարելի եղածին չափ: Արդեն գրողը աշլամա[7] ռուսահայ մըն է՝ ծնած ըլլալով Թուրքիո մեջ:

Եթե այս նամակները իբրև երգիծական գրվածք մը կարդացվին հանցանքը ապահովաբար գրողինը չէ. քանզի բո՛ւն հեղինակը ամրակուռ սկզբունքներով շաղախված, թունդ հավատացյալ հայ ընկերվարական հեղափոխական մըն է, լրջության ծայրագույն սահմաններն հասած ու հոն պատնիշացած:

Նամակները ուղղված կ'երևան կեդրոնական մարմնի մը, որուն կողմե ղրկված կը թվի նամակագիրը, իր առաքելական պաշտոնը կատարելու համար:

Չմոռնամ շնորհակալություններս հայտնել ԵՐOS-ին[8], որ հաճեն առավ այդ նամակներն ընդօրինակել, բնագիրները խնամով իր տեղը վերադարձնելե առաջ:

Երվանդ Օտյան

Ա.

ԾԱՊԼՎԱՐ, 15 սեպտեմբեր, 1908

[6] Սույն նամականին «Բյուզանդիոն» օրաթերթին մեջ հրատարակված է:(Ծանոթ. Երվանդ Օտյանի)

[7] Աշլամա - պատվաստված: Այստեղ՝ սարքված, «շուռ տված»:

[8] Երօտ — Երվանդ Օտյանի ծածկանուններից մեկը:

Սիրելի ընկերներ,

Ձեր հրահանգներն ստանալուս պես փութացի Արաբկիրեն ճամբա ելլել և չորս օր ճամբորդելէ ու Շեփիկ, Վաղշեն, Կրանի և Մաշկերտ գյուղերը մեյ մեկ գիշեր մնալէ ետքը հասա Ծապլվար գյուղը, որ ըստ իս մեր պրոփականտին համար հարմարագույն վայրն է:

Ծապլվար՝ քսան տունէ բաղկացած՝ զուտ հայկական գյուղ մըն է, գեղեցիկ ու բարեբեր հովիտի մը մեջ, ուրկէ կ'անցնի Ջրբերիկ գետակը: Գյուղացիները ընդհանրապես բարեկեցիկ, ժիր ու աշխատող են, հին ռեժիմեն դժբախտաբար շատ չեն տառապած և այս պատճառով նոր ռեժիմը իրենց վրա մեծ ներգործություն չէ ըրած: Ատեն-ատեն հալածանքներ կրած են միայն մոտակա Քոմրաշ գյուղի քրդերուն կողմէ, որոնք ավազակաբարո մարդիկ են:

Պետք չկա ըսելու որ Ծապլվար գյուղը խոր տգիտության մեջ թաղված է, մանավանդ ընկերվարական հարցերու մասին: Տասնըհինգ օր է որ այստեղ հասած եմ, և հասած օրիս հետևյալ օրն իսկ սկսած եմ պրոփականտի, և տակավին կարող չեմ եղած այդ գյուղացիներու մտքին մեջ մտցնել քափիթալիզմի գործած ոճիրները, բանվորական սենտիքաներու հրամայողական անհրաժեշտությունը, պրոլետարիայի պահանջքները ևն…: Բայց ես չեմ հուսահատած, ընդհակառակը իրենց այդ անհասկացողությունը ավելի եռանդ կու տա ինծի պրոփականտը առաջ տանելու:

Ինչ որ իմ պաշտոնս կը դժվարացնէ, այն է թե Ծապլվարի մեջ գոյություն չունին դասակարգային որոշ բաժանումներ, կամ մանավանդ լավագույն է ըսել թե՝ այդ բաժանումներու գիտակցությունը չունին: Իմ գործս պիտի ըլլա նախ կազմակերպել դասակարգային բաժանումները, անոնց ցույց տալ իրենց հատուկ պահանջումները, և զանոնք ձեռք բերելու միջոցները:

Պետք է կռվի պատրաստել այս տգետ գյուղացիները, և այդ հեշտ գործ չէ:

Երկու շաբաթէ ի վեր անընդհատ շփման մեջ եմ գյուղի բոլոր բնակիչներուն հետ և կը ջանամ որոշել, և ընտրել բոլոր այն անձերն որոնցմով կարող պիտի ըլլամ ստեղծել դասակարգային որոշ շարքերը:

Գյուղն ունի մի ծերուկ քահանա՝ Տեր Սահակ. այդ կը ներկայացնէ միջնադարյան կղերականությունը, խավարամտությունը, օպսքուրանթիզմը[9]: Անհրաժեշտ է տաք պայքար մղել իրեն դեմ:

Ծապլվարի պուրժուազիան կը ներկայացնեն Րես Սերգոն և իր մեկ քանի արբանյակները: Այդ կեղտոտ պուրժուան ունի երեք արտ, երկու կով, մեկ էշ և երկու այծ, արդյունք՝ խեղճ անինչք գյուղացիներու վրա ի գործ դրված դարավոր կեղեքումներու: Զարմանալի է որ այդ մարդը գյուղին մեջ բարի համբավ կը վայելէ և կը հարգվի ամենեն, նույնիսկ անոնց կողմէ որոնք պետք էր որ իր բնական թշնամիները ըլլային: Տեսէ՛ք թե ո՛ր աստիճան տգիտության մեջ թաղված են այդ խեղճերը: Հա՞րկ ըսել որ Տ. Սահակ շաբաթը մեկ քանի անգամ կը ճաշէ Րես Սերգոյի տունը:— Հավիտենական զինակցությունը քափիթալիզմի և կղերականության՝ ընդդեմ ընչազուրկ դասակարգին:— Բայց համբերություն, ամեն բան իր տեղը կու գա:

Ծապլվարի մեջ բանվոր դասակարգը կը բաղկանա պայտար Մկոյե, որ միանգամայն երկաթագործ է: Երկու օր առաջ Րես Սերգոյի էշուն պայտն ինկած էր, և կեղտոտ պուրժուան ստիպվեցավ դիմել Մկոյին: Շատ ջանացի որ Մկոն համոզեմ ընդհանուր գործադուլ հրատարակելու և Րես Սերգոյի էշն առանց պայտի ձգելու: Այդ՝ շատ ցնցող

[9] Օպսքուրանթիզմ — օբսկուրանտիզմ. կատաղի թշնամություն լուսավորության և առաջադիմության նկատմամբ:

տպավորություն պիտի գործեր առ հասարակ առանձնաշնորհյալ դասակարգերուն վրա: Բայց դժբախտաբար Մկո ընդդիմացավ, որովհետև տակավին բավականաչափ պրոփականտ չէի արած: Հոգ չէ, եթե այս անգամ չի հաջողվեցավ՝ ուրիշ անգամ կը հաջողվի: Ընդհանուր գործադուլն անհրաժեշտ է Ծապլվարի մեջ, մեր պրոփականտի գործնական արդյունքը ցույց տալու համար:

Վաղը կը մեկնիմ Քոմրաշ քուրտ գյուղը, ուր պիտի մնամ մեկ քանի օր, համերաշխություն քարոզելու հայերու և քրդերու միջև: Քրդերը մեր բնական նեցուկներն են. հարկ է հաշտ երթալ անոնց հետ և ի հարկին գործածել զանոնք մեր քարոզած սկզբունքներու հաղթանակին համար: Բայց ատոնք ապազայի հարցեր են:

Մի քիչ փող ղրկեցե՛ք ինձ:

Բ.

ԾԱՊԼՎԱՐ, 2 հոկտեմբեր, 1908

Սիրելի ընկերներ,

Ուրախ տրամադրության տակ կը գրեմ այս նամակս և կը հուսամ որ հաջորդով կարող պիտի ըլլամ փաստացի իրողություններ հաղորդել ձեզ: Առաջին քայլերն իրա՛վ դժվարին եղան, բայց ապազայի մասին շատ մեծ հույս ունիմ:

Քոմրաշ գյուղի քրդերը լավ ընդունելություն ըրին ինձ. չորս օր մնացի իրենց մոտ և տեսա որ լավ տրամադրություններով լարված են: Էքսբրոբրիացիայի [10] տեսություններս շատ ավելի դյուրավ ըմբռնեցին քան մեր ապուշ Ծապլվարցիք: Պատրաստակամություն հայտնեցին

[10] էքսբրոբրիացիա — էքսպրոպրացիա. ունեցվածքի բռնազրավում:

անմիջապես գործնական հողի վրա դնելու հարուստ պուրժուա կեղեքիչ գյուղացիներու ինչքերը բռնի ուժով գրավելու հարցը: Ըսի թե չպետք է աճապարել և թե հարկ է մի քիչ սպասել: Համենայն դեպս Քոմրաշ գյուղը մեր պրոփականտային համար մի ամուր կռվան է:

Մի հիանալի դեպք ցույց կու տա թե ի՛նչ հզոր նկարագրի տեր են այդ քրդերը: Ջիս չորս օր ամենամեծ պատվով հյուրընկալելե և մեծարելե ետք՝ երբ ձիով առանձին կը վերադառնայի Ծապլվար, Քանլը Օվա կոչված ձորին մեջ, նույն այն քրդերն որոնց տանը մեջ հյուր եղած էի, հանկարծ՝ զինյալ վրաս հարձակեցան և զիս կողոպտեցին՝ զրեթե մորե մերկ ձգելով:

— Բայց ինչո՞ւ ձեր մոտ գտնված ատենս զիս չթալլեցիք,— հարցուցի զարմացած:

— Այն ատեն մեր հյուրն էիր,— պատասխանեց Քելեշ Մրկո տանուտերը,— բայց անգամ մը որ գյուղեն հեռացար, այլևս եղար մեր որսը:

Այս պատասխանը իր մեջ կը պարունակե մի սկզբունքային խորին հարց, որ արժանի է լուրջ խորհրդածության:

Վերադառնալով Ծապլվար, եռանդով շարունակեցի միսիաս [11]: Այժմ ունիմ իմ մոտ մի ջերմ հավատացյալ կուսակից, որը մոտավոր ապագային կարող է լինել մի մեծ ուժ. դա ծանոթ է գյուղին մեջ Խև Ավո անունով: Տասնըութը տարեկան մի կտրիճ երիտասարդ է Խև Ավո, որ հորենական տունեն արտաքսված է մի շարք պատճառներու համար, որոնք մեզ չեն հետաքրքրեր: Ծապլվարցիք ընդհանրապես վատ վերաբերմունք ունին այդ երիտասարդի մասին՝ զոր կը նկատեն իբրև հիմար և անբարո: Դա արդյունք է միջնադարյան կղերական ոգիի՝ միացած պուրժուազիական անձուկ ըմբռնումներու հետ: Որովհետև նա տանտերներու

---

[11] Միսիա — առաքելություն: Ե. Օտյանի եռագրության առաջին մասի 1911 թ. հրատարակության վերնագիրն է՝ «Առաքելություն ի Ծապլվար»:

բացակայության ժամանակ անոնց տունեն մի քանի իրեղեններ վերցուցեր է, որովհետև նա դաշտին մեջ առանձինն հանդիպելով Կրպոյենց Սեխոյի աղջկան՝ բնական պահանջքե մղված՝ անոր հետ հարաբերություն է մշակեր, որովհետև Տեր Սահակեն փող պահանջելով՝ այդ սև հոգի կղերամիտը մերժեր է տալ և Խև Ավո անոր ըմբոստությունը պատժելու համար քարկոծեր է զայն նն. նն., այժմ այդ խեղճ տղան կը նկատվի իբրև մի տեսակ հիմար չարագործ և անոր դեմ սարքված է հալածանք և դավադրություն: Միշտ միևնույն պատմությունը. կա՛մ պետք է խոնարհ ստրուկ դառնալ կեղտոտ պուրժուաներու և զլուխ ծռել անոնց կեղեքիչ նախապաշարումներուն և կամ հալածվիլ այդ ոհմակներու կողմէ: Բայց վերջը խնդացողը լավ պիտի խնդա, կ'ըսէ ֆրանսական առածը:

Առաջին րոպեեն տեսա որ Խև Ավո մի լավ խմոր էր և կարելի էր օգուտ քաղել իրմե. անմիջապես հրավիրեցի իմ մոտ, խրատեցի, հրահանգեցի, քարոզեցի և այժմ նա դարձավ մի կատարյալ հեղափոխական ընկերվարական: Ծապլվարի հեղափոխական գործոն շարքերուն մեջ կարևոր դեր կատարելու կոչված է Խև Ավո:

Անցած օր Քոմրաշ գյուղեն երկու քուրդ փոխադարձ այցելության եկած էին ինձ մոտ: Տանս մեջ զիրենք պատվասիրելու համար բավականաչափ ճաշ չկար. այս պարագան հայտնեցի Խև Ավոյի:

— Դու հոգ մի՛ տանիր,— պատասխանեց և մեկնեցավ:

Քիչ հետո երկու պատվական հավերով վերադարձավ: Երկուքն ալ խաշեցինք ու կերանք. երբեք այդպիսի համեղ հավու միս չէի կերած: Ես և երկու հյուրերս ստիպեցինք Ավոն որ մեզ հայտնե թե ո՞ւսկից բերած էր այդ հավերը:

— Րես Սերգոյի պարտեզեն գողցա,— ըսավ Ավո,— ճիշդ այն միջոցին ուր իր կինն ու երկու հարսերը հոն էին:

Շատ ծիծաղեցանք ամենքս ալ: Քրդերը հիացած մնացին Ավոյի ճարպիկության վրա, իսկ ես կը մտածեի որ վերջապես դարավոր հարստահարյալն էր որ կ'ընդվզեր և գործնականապես կը ջանար տիրանալու իր իրավունքին:

Ծապլվարի մեջ մեր կուսակցության հարած է նաև Ամենց Վարդանը: Դա Րես Սերգոյի մշակներեն մին է, զոր անցած օր այդ կեղտոտ արարածը ճամբեր է, ամբաստանելով զինքը թե՛ իբրև գող և թե՛ իբրև ծույլ: Երբ իրողությունը իմացա, անմիջապես իմ մոտ հրավիրեցի Վարդանը և ստիպեցի որ տեղի չի տա ու բռնի պահանջե որ զինքը կրկին քովը առնե: Անկարելի եղավ համոզել:

— Ո՛չ,— ըսավ,— ավելի լավ է որ ներում խնդրեմ, Տեր Սահակի միջնորդության դիմեմ, որպեսզի ինձ համար բարեխոսե, Րես Սերգո չար մարդ չէ և ինձ կը ներե:

Տեսե՛ք թե ո՞ւր հասած է ստրկամտությունը:

Ժամերով համոզեցի որ ետ կենա այդպիսի ստոր միջոցներե և վերջապես որոշեցինք որ ես ուղղակի դիմեմ Րես Սերգոյի և պահանջեմ որ պատվո ատյան մը կազմվի խնդիրը քննելու համար: Վարդան հավանեցավ, բայց Րես Սերգո չուզեց մեր արդար պահանջքին գոհացում տալ: Ես ալ երեկ մի սպառնական վերջնագիր ուղղեցի այդ կեղտոտ արարածին և Խև Ավոյի հետ ղրկեցի: Տեր Սահակ պիտի գա եղեր այդ մասին ինծի հետ բանակցելու:

Եթե բավարարություն չտրվի մեր պահանջումին՝ գործերը կը մտնեն տարբեր ուղիի մեջ:

Խև Ավոյի համար շատ հեշտ բան է կրակի տալ Սերգոյի կալը կամ գոմը այն պարագային որ նա ավելի առաջ տանի իր բրովոքացիան...

Մի քիչ փող ուղարկեցեք:

Գ.

ԾԱՊԼՎԱՐ, 20 հոկտեմբեր, 1908

Սիրելի ընկերներ,

Ինչպես կը կասկածեի և ինչպես նախորդ նամակիս մեջ զգացուցած էի մի քիչ, Րես Սերգո և Սմենց Վարդան հարցը ստացավ ծանր հանգամանք:

Գիտեք որ Վարդան իբրև մշակ կը ծառայեր Րես Սերգոյի մոտ, և այս վերջինը զինք արտաքսած էր իբրև ծույլ և անբարո, և թե ես անմիջապես միջամտած էի, պաշտպանելու համար ընչազուրկ պրոլետարիատի իրավունքները:

Տեր Սահակ, իբրև միջնորդ, Րես Սերգոյի կողմե ներկայացավ ինծի և հայտնեց թե Րես Սերգո թեև դժգոհ իր մշակեն, սակայն՝ մեղքնալով անոր խեղճ վիճակին՝ պատրաստ էր ներելու և կրկին քովն առնելու, պայմանավ որ ես երաշխավորեի անոր պարկեշտության և աշխատասիրության մասին:

Իսկույն տեսա որ միջնադարյան կղերականությունը, ագրարային կապիտալիզմն և գյուղային պուրժուազիան արդեն իսկ սկսած էին տեղի տալ որոտացող հեղափոխության դիմաց: Դա մեր առաջին հաղթանակն էր Ծապլվարի մեջ և հարկ էր կարելի եղածին չափ շատ օգտվիլ անկեց:

Սմենց Վարդան, որ ներկա էր մեր տեսակցության, լսելով տերտերին խոսքերը, այլայլած՝ շնորհակալություն կը հայտներ, բազկատարած կ'աղոթեր Րես Սերգոյի կենաց և կ'ուզեր անպատճառ Տեր Սահակի ձեռքերն համբուրել, երախտագիտություն հայտնելու համար:

Լավ մը հանդիմանեցի այդ ստրկամիտ արարածը և հրավիրեցի իսկույն որ դուրս ելլե սենյակեն:

Երբ առանձին մնացինք տերտերին հետ, ըսի իրեն.

— Րես Սերգոյի զիջողությունները ո՛չ մեկ կերպով բավարարություն չեն տար մեր պահանջումներուն:

— Ա՛լ ի՞նչ կ'ուզեք,– պատասխանեց Տեր Սահակ,— քանի որ Րես Սերգո կը հավանի իր քովը առնելու Վարդանը:

— Դա երկրորդական հարց է,— բացատրեցի իրեն,— բո՛ւն էական հարցը սկզբունքային է:

Եվ սկսա իրեն պարզել գիտական սոցիալիզմի տեսությունները հողային հարցերու մասին: Ըսի թե գեղացիները իրենց տունն ու հողային սեփականությունը միայն ա՛յն ժամանակ կրնան փրկել՝ երբ զանոնք դարձնեն ընկերական սեփականություն և ընկերական արտադրություն. իսկ անհատական սեփականությամբ գեղացին կը դիմե դեպի կորուստ և կապիտալիստական խոշոր արտադրությունը դուրս կը շպրտե անոր արտադրության հնացած եղանակը: Եվ հիշեցի այս մասին Էնգելսի, Կաուցկիի, Մարքսի, Շիշկոյի, Պրամպոլինի, Չերնովի, Վիխլիաննի և այլոց զանազան տեսությունները[12]:

---

[12] Եվ հիշեցի այս մասին Էնգելսի, Կաուցկիի, Մարքսի, Շիշկոյի, Պրամպոլինի, Չերնովի, Վիխլիաննի և այլոց զանազան տեսությունները:— Բնավ տարօրինակ չպետք է համարել, որ Փանջունին այստեղ (գրքի հաջորդ էջերում ևս) շահարկում է Մարքսի և Էնգելսի անունները: Դա ունի իր պարզ բացատրությունը. Փանջունին դաշնակցական գործիչ էր, իսկ դաշնակցական կուսակցությունը II Ինտերնացիոնալի անդամ էր և չէր զլանում իրեն զարդարել պրոլետարական հեղափոխության առաջնորդների անուններով և նրանց պատվիրաններով, ասույթներով ու բառապաշարով: II Ինտերնացիոնալը քննություն չբռնեց պատմության առաջ, և ինտերնացիոնալի գաղափարախոսությունը զարգացում գտավ լենինյան կուսակցության գործունեության մեջ, կուսակցության, որ եղավ III Կոմունիստական ինտերնացիոնալի ստեղծման նախաձեռնողը: II Ինտերնացիոնալը, որ տապալվեց «առաջին համաշխարհային պատերազմը սկսվելուց հետո՝ նրա շովինիստական քաղաքականության հետևանքով, ցույց տվեց, թե ինչպես անխուսափելիորեն պատժվում է դավաճանությունը պրոլետարական ինտերնացիոնալիզմին» («Философский энциклопедический словарь», М. 1983, էջ 214): III Ինտերնացիոնալի գործիչներն անզիջում պայքար էին մղում դատարկաբան ինտերնացիոնալի դեմ «Փորձը ցույց է տալիս, որ աջ օպորտունիզմը և «ձախ» ռևիզիոնիզմը, որոնք տեսության և քաղաքականության մեջ անց էին կացնում նացիոնալիզմի և շովինիստական հեգեմոնիզմի գաղափարները, մեծ վտանգ են ներկայացնում, հատկապես, երբ որոշակի մի շրջափուլում առանձին մարդկանց և խմբավորումների

Խե՛ղճ Տեր Սահակ՝ դարավոր խավարէ կուրցած իր աչքերը խոշոր թացած՝ ապուշ-ապուշ երեսս կը նայեր, ատեն-ատեն մրմռալով.

— Բայց, օրհնա՛ծ, ատոնք ի՞նչ կապ ունին Սմենց Վարդանին ճամբվելուն հետ:

Վերջապես ինձ բսավ որ մեր վերջնական պատասխանը տամ իրեն, որպեսզի հաղորդէ Րես Մերգոյի:

Որպեսզի հետո ուրացումներ կամ խեղաթյուրումներ տեղի չունենան, գրավոր կերպով ներկայացուցի հետևյալ նվազագույն պահանջմունքներս, իբրև նախահիմք մեր ապագա բանակցություններուն.

Ա. Րես Մերգո պետք է վճարէ Սմենց Վարդանի ճամբված թվականեն մինչև գործի սկսած թվականը անցած օրերու օրականները:

Բ. Օրականի հավելում և աշխատության ժամերու նվազում:

Գ. Հանգստյան արկղ մշակներու համար:

Դ. Աշխատանքի արկածներու դեմ ապահովագրություն:

Ե. Րես Մերգո պետք է հանձնառու ըլլա առնվազն 20 տարի իր քով պահելու Սմենց Վարդանը:

Զ. Րես Մերգո այս միջադեպին կարգադրման համար հեղափոխական կուսակցության իրեն մատուցած ծառայությանց իբրև փոխարեն, դրամական կարևոր նվեր մը պետք է ընե կուսակցությանս Ծապլվարի գանձին:

թեքումից նրանք դառնում են կառավարող կուսակցության քաղաքականության հիմքը: Հենց այդ դեպքերում ինտերնացիոնալիզմը դառնամ է դատարկաբան, գործնականում հանգում է նացիոնալիզմին» (նույն տեղը, էջ 215):

Ե. Օտյանի գրքում ընկ. Բ. Փանշունին հանդես է գալիս «դատարկաբան ինտերնացիոնալիզմի» հատկանիշներով, պրոլետարական հեղափոխության առաջնորդների պատվիրանները մեջբերելով որքան հաճախադեպ, նույնքան անպատեհ և անմտորեն: Եվ սա է եղել պատճառը, որ Երվանդ Օտյանի գլուխգործոցը մեզանում չի տպագրվել:

Ինչպես կը տեսնեք, հարցը տեղափոխեցի բոլորովին սկզբունքային հողի վրա:

Տեր Սահակ մեկնեցավ նշանակալից կերպով գլուխը օրորելով: Անցան մի քանի օրեր և ես ոևէ պատասխան չստացա: Վարդան սկսավ անհամբերության նշաններ ցույց տալ:

— Քանի որ Ռես Սերգո ներեր է ինձ՝ երթամ գործիս սկսիմ,— կը կրկներ այդ ապուշը, ուզելով այսպես եսասիրաբար ոտնակոխ ընել միլիոնավոր պրոլետարներու իրավունքը, իր անձնական շահին համար:

Վերջապես առջի երեկո, տեսնելով որ պատասխանը կ'ուշանա, մեր կողմե, իբրև լիազոր ներկայացուցիչ, կը ղրկեմ Խև Ավոն Ռես Սերգոյի մոտ, ստանալու համար վճռական պատասխան: Կ'երևա թե մեր ընկեր Ավոն, որ հեղափոխականի լավ խմոր ունի, մի քիչ խիստ լեզու կը գործածե և զինքը ծեծելով դուրս կը վանեն Սերգոյի բնակարանեն. քիչ հետո կու գա նաև ինձ մոտ Տեր Սահակ և կը հայտնե թե Ռես Սերգո այլևս չ'ուզեր նույնիսկ Վարդանի անունը լսել:

Դա պարզապես պատերազմի հայտարարություն էր: Կապիտալիզմի և Obscurantisme-ի միացյալ ուժերն էին որ կը կանգնեին ընչազուրկ դասակարգի կորաքամակ ուսերուն վրա: Կարելի չէր լռել այդ ակնհայտնի պրովոկացիայի հանդեպ և չգործել: Նույն գիշերն իսկ պատրաստեցի հետևյալ հրավեր-հայտարարությունը, զոր այս առտու արշալույսին, Խև Ավո տարավ փակցուց եկեղեցիի պատին վրա:

«Աշխատավոր դասակարգ Ծապլվարի,

Ահազանգը հնչեց:

Սմենց Վարդանի և Ռես Սերգոյի դեպքը հայտնի է ամենուդ: Հակառակ կուսակցության բոլոր խաղաղարար ջանքերուն՝ ագրարային կապիտալիզմը անողոք պատերազմ կը հրատարակե հողագործ պրոլետարիայի մասսաներուն դեմ: Վատություն է մեր կողմեն լռելը, վատություն է չգործելը: Ծապլվարի մութ ուժերը՝ կազմակերպված՝ կ'ուզեն ջախջախել բանվորական դասակարգի իրավունքներն և տապալել նորածագ ազատությունը որ մեր այնքա՜ն զոհողություններովը ձեռք բերինք:

Բոլոր աշխարհի բանվորնե՛ր,

Մի՞թե թույլ պիտի տաք որ մի կեղտոտ պուրժուա Ծապլվարի մեջ ոտնակոխ ընե վաթսուն միլիոն աշխատավորներու իրավունքը: Դա անկարելի է: Ամենքը մեկուն համար, մեկը ամենուն համար, ա՛յս պետք է ըլլա մեր նշանաբանը: Բոլոր աշխարհի բանվորները կը հրավիրվին, կիրակի օր, Մկրենց կալը, ուր տեղի կ'ունենա հրապարակային բողոքի մեծ միթինկ: Պիտի բանախոսեն ընկեր Փանջունի, ընկեր Ավո և ագրարային կապիտալիզմի նահատակ Սմենց Վարդան:

«Անկցի՛ կապիտալիզմը,
Անկցի՛ օպպքուրանթիզմը,
Կեցցե՛ սոցիալիզմը,
Կեցցե՛ պրոլետարիան,
Կեցցե՛ Մայիսի մեկը»:

Դժբախտաբար այսօր լուր օր է և ամբողջ գյուղը կանուխ դաշտերը գացած է աշխատության. ուրիշ անպատեհություն մըն ալ այն է որ Ծապլվարի մեջ գրել կարդալ գիտցող ե՛ս միայն կամ. նույնիսկ քահանան կարդալ չի գիտեր: Այսու հանդերձ կը հուսայի որ հայտարարությունը ցնցող տպավորություն հառաջ պիտի բերեր երեկոյին, երբ գյուղացիք վերադառնային դաշտերեն. բայց ահա Խն Ավո վազելով կու գա հն ի հն և կը գոչե.

— Թուղթը պատռեր են եկեղեցիի պատին վրայեն....

Չէի կարող հավատալ ականջներուս. Ավոյի հետ անմիջապես վազեցի գացի ստուգելու համար այդ ծանրակշիռ իրողությունը: Այո՛, ճշմարիտ էր. հրավեր-հայտարարությունը պատառ բզիկ եղած էր, հազիվ մեկ քանի կտորներ մնացած էին, զորոնք չարագործ ձեռքեր չէին կրցած բզկտել, լավ փակած ըլլալուն համար, որովհետև Խև Ավո ջուրն ու ալյուրը չէր խնայած հայտարարությունը փակցնելու համար:

Ովքե՞ր գործեր էին այդ սրբապղծությունը: Գյուղացիները բոլորն ալ դաշտն էին, եկեղեցիի շրջակայքը մարդ չկար, ուրեմն դավադրությունը սարքված էր շա՜տ խորհրդավոր կերպով: Համենայն դեպս սա որոշ էր թե ռեակցիան զինաթափ չէր ըլլար: Ընդ հակառակն իր այս նոր ցույցով բրովոկացիան կատաղորեն առաջ կը մղեր: Պետք չէր ընկրկիլ. որոշեցի անմիջապես մի հակացույց կազմակերպել: Վերադաձա տուն, Ավոյի ձեռքը տվի մի երկար ձող, որուն ծայրը կապված էր մի կարմիր կտավ: Սմենց Վարդան շալակեց իր մշակի գործիքները, ես ալ անցա իրենց գլուխը և այսպես ամբոխը ժուռ եկավ Ծապլվարի գլխավոր փողոցները:

Երբ հասանք Տեր Սահակի տան առջև, հանկարծ սկսա երգել.

Debout, les dammes de la terre!
Debout, les forcats de la faim![13]

Կարծեմ առաջին անգամն էր որ հեղափոխական-ընկերավարական երգը «Էնթերնասիոնալը» կը հնչեր Ծապլվարի մեջ: Տունը մնացած երախաները, լսելով բանվորային մարտագոչ երգը, վազելով եկան միացան մեզի և ամբոխը առավ պատկառելի երևույթ:

Ցուցարարները երբ հասան Րես Սերգոյի տան առջև, ոգևորությունը ծայր աստիճանի հասած էր:

---

[13] «Ինտերնացիոնալ» երգի տողերն են՝
Ելի՛ր ում կյանքը անիծել է,
Ով ճորտ է, մերկ է և ստրուկ:
(Թարգմ. Ե. Չարենցի)

— Տղե՛րք,— գոչեցի,— վար տվե՛ք այդ դավաճանի տան ապակիները:

Բայց ափսո՛ս, Րես Սերգոյի տան պատուհանները ապակի չունեին, եթե ոչ՝ այդ ապակիներու խորտակումը ջախջախիչ տպավորություն առաջ պիտի բերեր ապահովաբար:

Իսկ Ավո որ հետզհետե խանդավառված էր, վրեժը լուծեց՝ քարկոծելով Րես Սերգոյի էշը որ դաշտին մեջ կ'արածեր, նույնիսկ դանակը քաշելով՝ ուզեց վրան հարձակիլ, բայց ես արգիլեցի իսկույն, չուզելով տեղի տալ անօգուտ արյունահեղության:

Ի վերջո բազմությունը ցրվեցավ գոհ տրամադրության տակ:

Ինչպես կը տեսնեք, դրությունը խիստ լարված է Ծապլվարի մեջ: Տեսնենք ի՛նչ հետևանք կ'ունենա գործը: Մենք ուխտած ենք պայքարն առաջ մղել ամեն միջոցներով:

Մի քիչ փող ուղարկեցե՛ք փութով:

***

Յ. Գ.— Վերջին րոպեին, երբ նամակս կը փակեի, իմացա թե հրավեր-հայտարարությունը ո՛չ թե ռեաքցիայի մութ ուժերուն կողմե պատռված է, այլ մի ջատուկ պառավի՝ Մարոյի այծը զայն պատռեր ու կերեր է, թուղթին ետև քսված ջրախառն ալյուրեն հրապուրված:

Իսկ ընդհանուր կացությունը կը մնա նույնը: Միթինկը՝ անպայման կը կայանա կիրակի օր:

Դ.

ԾԱՊԼՎԱՐ, 3 նոյեմբեր, 1908

Սիրելի ընկերներ,

Դիրքերը հետզհետե կը ճշդվին իրենց բնորոշ հանգամանքներով, և դասակարգային պայքարը իր բնական էվոլյուցիան կը կատարե Ծապլվարի մեջ: Գիտակից տարրերը կամաց-կամաց կը բոլորվին մեր հեղափոխական դրոշի շուրջը: Հողային բանվորականությունը (Սմենց Վարդան) և երիտասարդ մտավորականությունը (Խև Ավո) արդեն մեզ հետ են: Մեզ հետ կ'ըլլա նաև դպրոցականությունը: Համենայն դեպս անհրաժեշտ է մեր շարքերը սեղմել և պատրաստվիլ վերջնական կռվին, որովհետև հետադիմական ուժերը անգործ չեն մնար, իրենց խոզ պայքարը կը մղեն մեզի դեմ:

Այսպես, օրինակ, երբ նախորդ նամակով ծանուցված բողոքի հսկա միթինկը կիրակի օր տեղի կ'ունենա Մկրենց կալը, ի ներկայության հողային բանվորականության, երիտասարդ մտավորականության և հեղափոխական տարրերուն, անդին, Ռես Սերգոյի տանը մեջ, գյուղին մենծ–ադայականությունը գումարված կղերականության և ռեաքցիայի մութ ուժերուն հետ, սատանայական մի խորհուրդ կը հղանար, այն է, դիմել միացյալ ընկերության և խնդրել որ Ծապլվարի մեջ դպրոց մը բանա, պայմանով որ ծախսերու կեսը գյուղացիք հայթայթեն:

Այս միջոցով այդ կեղտոտ պուրժուաները կ'ուզեին իրենց ճանկին մեջ առնել Ծապլվարի դպրոցականությունը, ապականել այդ մատղաշ էակները, ստրկության խմորով շաղվել անոնց անարատ հոգիները և փճացնել ամբողջ ապագա սերունդը: Վտանգը ահագին էր և պետք էր անմիջական դարման:

Իսկույն Խև Ավոն ղրկեցի մի այրի կնոջ Սառայի մոտ՝ և բերել տվի անոր որդին Կարոն, որ ինը տարեկան մի ուշիմ և եռանդոտ լաճ է, և ըսի իրեն որ հետևյալ օր հրավիրե իր ընկերները մեր տան պարտեզը, ուր կը կայանա մանկական պարահանդես:

Հրավերը առաջ բերավ մեծ խանդավառություն. և երկուշաբթի օր 10-12 լաճեր խռնված էին պարտեզը: Կատարվեցան մի քանի մանկական խաղեր: Հետո շուրջս հավաքեցի տղերքը և բացատրեցի թե ի՛նչ սարսափելի դավ մը կը պատրաստվեր իրենց դեմ և թե ի՞նչ որոշ դիրք հարկ էր բռնել:

Մի առ մի ցույց տվի իրենց իրավունքները: Ըսի թե ի՛նչ պարագաներու մեջ իրենց բացարձակ իրավունքն էր դասադուլ ընել, թե ե՞րբ պետք էր որ ըմբոստանային ուսուցիչներու դեմ, թե ե՞րբ հարկ էր պատժել ուսուցիչները և թե ի՞նչ պատիժներ կարելի էր տնօրինել ուսուցիչներուն դեմ:

Խոսքերս առաջ բերին խորին տպավորություն, և տղաք արդեն իսկ պատրաստակամություն հայտնեցին դասադուլ ընելու:

Մի քանի օր հետո կրկին ժողով գումարվեցավ, և այս անգամ կազմեցինք Ծապլվարի դպրոցական միությունը իր որոշ ծրագրով ու գործելակերպով: Կարոն ընտրվեցավ նախագահ: Կա նաև գործադիր ժողով, խմբագրական մարմին և ահաբեկիչ խումբ:

Ինչպես կը տեսնեք, տակավին դպրոցը չբացված մենք ունինք դպրոցական միությունը, ամրապես կազմակերպված և պատրաստ կռիվ մղելու: Այժմ հանդարտ սրտով կը սպասենք: Ծապլվարի դպրոցին ուսուցիչ կրնա գալ երբ որ կամի: Իրեն կը պատրաստվի մի փառավոր ընդունելություն որ կարժեմ՝ հավիտյան չպիտի մոռանա: Իսկ Ավո շինած է արդեն գավազաններ որպեսզի կրիտիկական րոպեին տղերքը անզեն չմնան:

Մեր քաղած տեղեկություններուն համեմատ՝ Արաբկիրի միացյալ ընկերության ներկայացուցչին հետ բանակցությունները հաջող ելք ունեցեր են, և այժմ կը սպասվի ուսուցչի գալստյան: Ո՞վ է այդ պարոնը, ի՞նչ սկզբունքի կամ ի՞նչ գաղափարներու կը ծառայե, դա բոլորովին անծանոթ է ինձ: Համենայն դեպս պետք է կատաղի կռիվ մղել անոր դեմ: Այս բացահայտ պայման է:

Սմենց Վարդան և Խև Ավո Ծապլվարի կիներուն մեջ բուռն պրոփականտ կը մղեն միացյալ ընկերության Ծապլվարի դպրոցին բացման դեմ և կ'ըսեն թե այդ դպրոցին պատճառավ իրենց տղաքը անաստված պիտի ըլլան, Ս. Լուսավորիչը պիտի ուրանան, Բրոտ պիտի դառնան[14] ևն.: Այդ պրոփականտը առաջ կը բերե մեծ հուզում, այն աստիճան որ երեկ Տեր Սահակ քահանան եկավ ինձ մոտ և խնդրեց որ խրատեմ մեր ընկերները որպեսզի այդ տեսակ խոսքերով միտքերը չպղտորեն և գյուղին մեջ հուզում առաջ չբերեն:

Իբրև ջախջախիչ փաստ կարդացի իրեն մեր ծրագիրը և պլատֆորմը, ցույց տալու համար թե մեր կուսակցությունը կրոնական խնդիրներու մեջ ի՛նչ աշխարհահայացք ունի և թե ի՛նչքան հակասություն էր մեզ իբրև մոլեռանդ ներկայացնելը:

— Եվ սակայն այդպիսի խոսքեր կը տարածեն կոր,— պնդեց Տեր Սահակ:

Այն ատեն իրեն բացատրեցի կուսակցությանս գործելակերպը, թե ինչպե՛ս իբրև կուսակցական մենք պարտավոր ենք ազատամիտ և անհավատ ըլլալ, սակայն անհատապես ազատ ենք հավատացյալ և նույն իսկ մոլեռանդ ըլլալու, հետևաբար Սմենց Վարդան և Խև Ավո իբրև կուսակցական չէ որ կը գործեն այս պարագայիս, այլ սոսկ անհատապես, և մենք ոչ մի կերպով իրավունք չունինք բռնանալու մեր կուսակիցներու անհատական համոզումներուն վրա:

Տեր Սահակ մեկնեցավ անխոսուկ, թեև հայտնի կ'երևար

[14] Բրոտ պիտի դառնան — բողոքական պիտի դառնան: Գրոտ — պրոտեստանտ (բողոքական):

որ տված բացատրությունները լավ չէր կրցած մարսել։ Որքա՜ն դժվար է ստրկամիտներու համար ըմբռնել մի ունէ ազատական միտք։

Վերջին անգամ փողի մասին պահանջմունքս մնաց անպատասխան, խնդրեմ ուշադրություն դարձուցեք այդ մասին, դա էական հարց է՝ ինձ համար։

Ե.

ԾԱՊԼՎԱՐ, 20 նոյեմբեր, 1908

Սիրելի ընկերներ,

Ստացա ձեր նամակն և ձեր տված հրահանգները։ Իմ ալ աշխարհահայացքս բոլորովին համաձայն է ձերինին։ Մեկ կողմեն պետք է կատաղի կռիվ հայ պուրժուազիայի և իր դասակից կղերականության, քափիթալիզմի, հաստատված հին կարգուսարքին, ապականած բարքերուն, ընտանեկան շղթաներուն, կրոնական կապանքներուն դեմ, մյուս կողմէ եղբայրական սիրո և միաբանության ձեռք կարկառել հարևան ազգաբնակությանց, քրդերու, եզիտիներու, քըզըլպաշներու և լազերու։

Ձեր նամակը առնելուս պես մեկնեցա Քոմրաշ գյուղ, ուր մնացի մի շաբաթի չափ, սեր և եղբայրություն քարոզելով քրդերուն։ Ըսի իրենց որ մեր կուսակցությունն երբեք թշնամական հետին մտքեր չունի իրենց նկատմամբ, այլ ընդհակառակն կը փափաքի համերաշխության դաշինք հաստատել իրենց հետ և միասին առաջ վարել պայքարը։

Քոմրաշի մեջ հիմնեցին նաև քրդական անդրանիկ քլուպը զոր անվանեցի «Քոմրաշի սոցիալ հեղափոխական Կարլ Մարքս կլուբ»։ Առ այժմ քլուպի նիստերը կը կայանան մի ախոռի մեջ, սպասելով իր մի հարմար կեդրոնատեղի գտնվի: Քլուպի նախագահն է Քելեշ Մրկո, որու մասին խոսած եմ նախորդ նամակներուս մեջ, իսկ քարտուղարը՝ Հասո, որ մի համբավավոր կտրիճ է և Սահմանադրության հաստատման առթիվ եղած ընդհանուր ներումին ատեն ելած է բանտեն, ուր կը գտնվեր տարիներե ի վեր իր գործած կարգ մը ոճրագործություններուն պատճառավ: Հասո հերոսի խառնվածքով մի լավ խմոր է որ կրնա մեծ օգտակարություն ունենալ վճռական րոպեներուն: «Կարլ Մարքս կլուբ»–ը կոչված է փրկարար դեր կատարելու առ հասարակ քուրդ և հայ համայնքներուն մեջ:

Ծապլվարի մեջ մի կոոպերատիվ ընկերություն կազմելու համար ըրած ջանքերս մնացին անհետևանք: Այդ ապուշ գյուղացիները իրենց բոլոր խելքն ու միտքը տվեր են դպրոցին, որուն համար այժմ կ'աշխատին մի հատուկ շենք շինելու՝ եկեղեցու կից: Թո՛ղ շինեն և հետո մենք կը տեսնենք թե ո՞ւմ կը ծառայե այդ շենքը:

Անշուշտ կը հիշեք որ իմացուցած էի թե՝ պառավ Մարոյի այծը պատռած ու կերած էր մեր հրավեր-հայտարարությունը: Անասունն անցյալները մեռավ և Մարո այժմ մեզ կ'ամբաստանե ըսելով որ իմ հայտարարությամբս թունավորած եմ այծը, որովհետև ռեաքսիոներներ ըսած են իրեն որ հավանականաբար կախարդական բաներ գրած էի մեջը: Այս անախորժ դեպքը շատ վատ տպավորություն ըրավ մեր կողմե դուրս եկած գրություններու prestige–ին վրա, այնպես որ երկու օր առաջ երբ թռուցիկ մը հաճեցի դպրոցական հարցի մասին, ո՛չ ոք ուզեց զայն ձեռք առնել, վախնալով որ կը թունավորվի: Մի այսպիսի միջավայրի մեջ ուր բոլոր մութ ուժերը լիկա կազմած են մեզի դեմ, շատ դժվար է հիմնական քայլեր առնել: Այսուհանդերձ դպրոցական հարցի շուրջ մեր մղած բուռն պայքարը բոլորովին ամուլ չմնաց: Տեր Սահակ եկավ ինձ մոտ և Ռես Սերգոյի կողմե զիս հրավիրեց անոր տունը, որպեսզի մի համաձայնության գանք, որովհետև լավ կը զգային որ մենք որոշած ենք չընկրկիլ Ծապլվարի պուրժուա դասակարգի բրովոքացիաներու հանդեպ:

Հայտնեցի այդ տերտերին որ կուսակցությանս ներկայացուցիչը չէր կարող բանակցության համար երթալ մի կեղտոտ պուրժուայի ոտքը, և եթե Ռես Մերգո մի խնդիրք ունի՝ կրնա գալ մեր կեդրոնատեղին: Մեր բռնած այս կորովի դիրքը խոր տպավորություն գործեց Սմենց Վարդանի, Խն Ավոյի և Կարոյի վրա: Տեր Սահակ մեկնեցավ և հետևյալ օրը լուր բերավ թե Ռես Մերգո չէր ուզեր մեր մոտ գալ, չկամենալով դեմ առ դեմ գտնվիլ Սմենց Վարդանի և Ավոյի հետ: Կը տեսնե՞ք այդ ամբարտավան քափիթալիստի հոգիի սնությունը:

Եվ Տեր Սահակ առաջարկեց որ բանակցությունը կատարվեր իր տանը մեջ, ուր պիտի գար նաև այդ աղտոտ արարածը:

— Կուսակցությունս չի ծռիր միջնադարյան կղերականության առջև,— եղավ իմ պատասխանս:

Բանակցությունները շարունակվեցան մի քանի օր և վերջապես որոշվեցավ որ տեսակցությունը տեղի ունենա չեզոք հողի վրա, Քոմրաշ գյուղի Կարլ Մարքս կլուբին մեջ:

Երեկ իրավարարական սույն ժողովը գումարվեցավ վերոհիշյալ քլուպը:

Ռես Մերգո շատ հաշտարար ընթացք բռնեց, նույնիսկ առաջարկեց որ ես ըլլամ նոր դպրոցի տնօրեն-ուսուցիչը: Դա պուրժուազիական մի կեղտոտ հնարք էր զիս կաշառելու համար: Անպայման մերժեցի և ներկայացուցի մեր հրամայողական հետևյալ պահանջումները:

Դպրոցի համար շինության վրա եղող եկեղեցիի կից շենքը փլցնել և մի նոր շենք շինել չեզոք հողի վրա, զերծ միջնադարյան ազդեցութենե:

Ուսուցչի ընտրությունը հանձնել իմ կազմած ուսանողական միության:

Ընդունիլ խառն դասարաններու դրությունը:

Պարտավորիչ ընել ընկերվարական ուսուցումը:

Ջնջել կրոնազիտությունը:

Պաշտոնապես ճանչնալ ուսանողական միությունն և վավերացնել զայն:

Կը տեսնեք թե որքա՛ն մեղմ էին մեր կողմե եղած պահանջմունքները, սակայն Ռես Մերզո և Տեր Սահակ մերժեցին համաձայնիլ:

Խրամատը վերջնականապես բացված է մեր միջև:

Կը սպասեմ վճռական դեպքերու:

Կարլ Մարքս կլուբը իր քարտուղարի միջոցով իր համակրանքը հայտնեց մեր պաշտպանած դատին: Դա մի շատ սրտապնդիչ երևույթ է:

Խնդրեմ փող ուղարկեք:

Զ.

ԾԱՊԼՎԱՐ, 6 դեկտեմբեր, 1908

Սիրելի ընկերներ,

Կեցցե՛ հեղափոխություն.

Կեցցե՛ ազատություն:

Կրիտիկական մոմենտը, ինչպես կը գուշակեի, վերջապես հասավ և հեղափոխությունը իր դրոշակը պարզեց Ծապլվարի մեջ: Երկու օրե ի վեր պաշարված դրության մեջ ենք և ամեն հարաբերություն խզած՝ գյուղի բնակչության հետ: Պատմական դեպքեր տեղի ունեցան որոնք կ'արժե մանրամասն պատմել այստեղ, ցույց տալու համար թե որքան շրջահայացությամբ վարվեցավ կուսակցությունս վճռական րոպեներուն և թե՝ փաստացի կերպով ապացուցանելու համար մութ ուժերու անազնիվ և վատ դերը:

Մի շաբաթ առաջ ավարտեր էր եկեղեցու կից՝ դպրոցի շենքը, որ կը բաղկանա ցեխով ծեփված փայտաշեն մի ընդարձակ սրահե և վարժապետի համար մի փոքրիկ խուցե, բոլորովին զուրկ գերմանական արդի մանկավարժական ճարտարապետության պահանջմունքներեն. բայց հարցը դրա մեջ չէ:

Այն ինչ իմացա որ դպրոցի շենքի շինությունը ավարտեր է, և նոր ուսուցիչը ճամբա ելած է Արաբկիրեն հոս գալու համար, անմիջապես իմ մոտ հրավիրեցի Ծապլվարի հեղափոխական գործոն շարքերը, Սմենց Վարդան, Խն Ավո և ուսանողական միության նախագահ՝ Կարո, որպեսզի խորհրդակցինք կացության և մեր բռնելիք ընթացքի մասին:

Խն Ավո առաջարկեց, իբրև արմատական դարման, անմիջապես կրակի տալ դպրոցի շենքը. բայց ես մի քիչ անտակտ գտա այդ միջոցը և բացատրեցի մեր ընկերներուն, որ մենք պետք է ցույց տանք սառ պաղարյունություն և մեր հակառակորդներու նման չդիմենք ծայրահեղ արարքներու: Այն տարբեր՝ եթե Ավո կ'ուզեր մի այդպիսի բան ընել անհատական պատասխանատվության տակ, առանց կուսակցությանս պաշտոնական միջամտության. ես այն ատեն անհատապես կրնայի համամիտ ըլլալ իրեն, քանի որ կուսակցությունս, որ ամեն հարցի մեջ ունի իր ազատ հայեցակետը, ոնէ կերպով չի կրնար բռնանալ իր ընկերներու անհատական գործունեության վրա:

Երկար վիճաբանութենե վերջ, որոշում կայացավ կուսակցությանս կողմե մի ցույց կազմակերպել ուսուցչի դեմ՝ Ծապլվար հասած օրը, իսկ եթե այդ ցույցը մնար առանց որոշ արդյունքի, այն ատեն ուսուցիչը պիտի ծեծեինք անհատապես և ոչ թե հանուն կուսակցության, որ երբեք չընդուներ այդ տեսակ բռնի միջոցներ, և իր գաղափարներու հաղթանակին համար խոսքե ու գրչե զատ ուրիշ զենք չի ճանչնար:

Որպեսզի կեղտոտ պուրժուազիայի և սև կղերականներու մութին մեջ սարքած դավադրությանց զոհ չըլլանք, խոհեմություն համարեցի վաղօրոք մեր մոտ հրավիրել Քոմրաշի Կարլ Մարքս կլուբի քարտուղար Հասո, որ արդեն իր որոշ և գիտակից հայեցակետը պարզած էր դպրոցական հարցի մասին:

Վերջապես երկու օր առաջ լուր առինք թե՝ ուսուցիչը ցերեկվա մոտ կը հասներ Ծապլվար: Արդեն իսկ Ռես Սերգո, Տեր Սահակ, Սերգոյի երկու որդիքը, Սըհո Ջան, Փրենց Հարո և Կոլոշենց Սեդո, գյուղին բոլոր մենծ–աղայական կուսակցությունը իրենց՛ արբանյակներով, հացկատակներով, պնակալեզներով զացեր էին դիմավորելու պուրժուազիայի պաշտոնական ներկայացուցիչը, իբր թե նա մի հեղափոխական-հասարակական մեծ զործիչ կամ անձնվեր հերոս լիներ:

Մենք իսկույն հավաքվեցանք եկեղեցու մոտերը պատշաճ դիրքեր գրավելու:

Եվ ահա երևցավ թափորը: Երբ ուսուցիչը և իր ուղեկիցները կանգ առին եկեղեցու քով և վար իջան իրենց ձիերեն՝ ցույցը պայթեցավ.

—«Անկցի՛ն հետադիմականները, անկցի՛ն դավաճանները, անկցի՛ն սուտ դպրոցասերները, անկցի՛ն կեղծավոր ուսուցիչները, կեցցե՛ հեղափոխությունը, կեցցե՛ պրոլետարիատի ինքնագիտակցությունը, կեցցե՛ Ծապլվարի մտավորական երիտասարդությունը»,— աղաղակները օդը կը թնդացնեին:

Տեսնելու էր մութ ուժերու շփոթությունն ու վախը: Տեր Սահակ անմիջապես ինձ մոտ վազեց և աղաչեց որ վերջ տանք ցույցին:

— Հեղափոխությունը պայթեցավ Ծապլվարի մեջ,— պատասխանեցի.— և կարելի չէ հեղեղի ընթացքը կասեցնել:

Այդ րոպեին մի սուր աղաղակ լսվեցավ. Խև Ավո, իր անհատական պատասխանատվության տակ, քար մը շպրտած էր ուսուցչի ճակտին և վիրավորած զայն: Արյունը կը հոսեր և խուժապն ընդհանուր էր: Ռես Սերգո, Սըհո Ջան, Փրենց Հարո և Կոլոշենց Սեդո մի վայրագ հարձակում գործեցին խե՜ղճ պատանիին վրա, որ շվարած՝ մեր մոտ ապաստանեցավ:

— Հասի՛ր Հասո,— գոչեցի կլուբի քուրտ քարտուղարին՝ որ հաստ գավազանը ձեռքը՝ մի քիչ անդին դիրք բռնած էր:

Այն ատեն պայքարն ստացավ ծանր հանգամանք և հազիվ հաջողեցանք ես, Ավո, Կարո, Ամենց Վարդան և Հասո, խուժանը ճեղքելով ապաստանիլ դպրոցի շենքն որուն դուռը ամրապես փակեցինք:

Կռիվի միջոցին մի քանի ռեաքսիոներ գլուխ վիրավորվեցան. մեր կողմե ոչ ոք վնասվեցավ:

Անմիջապես դպրոցի տանիքի վրա պարզեցինք կարմիր դրոշը զոր նախապես պատրաստած էինք: Տպավորությունը խիստ ցնցող եղավ ամբողջ գյուղին մեջ:

Այժմ երկու օրե ի վեր կը մնանք դպրոցը, զորավոր կերպով ամրացած: Կը լսենք թե մութ ուժերը վատաբար դիմում ըրած են կառավարության՝ մեզ բռնի դուրս հանելու համար շենքե մը որ ամբողջ ժողովրդի սեփականությունն է: Տեսնենք բանից ի՞նչ դուրս կու գա:

Սվինի քաղաքականությունն է որ ծայր կու տա: Դե՜հ թո՛ղ ցույց տան իրենց բո՛ւն, իսկական գույնը: Մենք չենք ընկրկիր:

Առ այժմ փութով փող ուղարկեցե՛ք:

Է.

ԾԱՊԼՎԱՐ, 14 դեկտեմբեր, 1908

Սիրելի ընկերներ,

Պաշարման դրությունը կը շարունակվի և մենք ութ օրե ի վեր փակված կը մնանք դպրոցի շենքին մեջ զոր ամրացուցած ենք ռազմական պահանջմունքներու համեմատ։ Դպրոցական միության նախագահ Կարոյի մայրը՝ Սառա՝ եկավ միացավ մեր շարքերուն։ Մի խելոք պառավ կին է դա, որուն հետ պետք է խոսիլ նշանացի կերպով քանզի բոլորովին համր է։ Սառայի ներկայութենեն օգտվելով՝ անմիջապես ձեռնարկեցի կազմել «Ծապլվարի գիտակից տիկնանց ՀԱՌԱՋ ակումբ»–ը, և օժանդակ մարմին մը «Ծապլվարի հայ կանանց ԱՆՁՆՎԵՐ խումբ» անունի տակ։ Այս վերջին կազմակերպությունը հրամայողական պահանջք էր դարձած, որովհետև մի քանի օրե ի վեր թանչքե[15] կը տառապեի և պետք ունեի մի անձնվեր կնոջ խնամքին։

Թեև պաշարման վիճակի մեջ՝ սակայն անգործ չի մնացինք ութ օրե ի վեր։ Նախ և առաջ ցրվեցի, նորակազմ «Հառաջ» ակումբի միջոցով, մի պաշտոնական թռուցիկ կուսակցությանս Ծապլվարի մասնաճյուղին կողմե, ուղղված մեր թրքահայ, ռուսահայ, պարսկահայ և ամերիկահայ կոմիտեներու, ենթակոմիտեներուն և ընկերներուն։ Այդ թռուցիկով մանրամասն պարզեցի վերջին կարևոր դեպքերը, փաստացի կերպով ցույց տվի թե կուսակցությունս որքան խոհեմությամբ, զիջողությամբ և բարյացակամությամբ վարված էր, և ցավալի դեպքերուն ամբողջ պատասխանատվությունը ծանրացուցի մութ ուժերու սարքած դավադրություններուն վրա։ Այս գրությունը, որուն մեկ օրինակը կը ղրկեմ ձեզ, ինչպես պիտի տեսնեք՝ ունի տրամաբանական հիմք, հաստատ լոգիկա և որոշ հայեցակետ։

Հետո երևցավ մտավորական երիտասարդության կողմե մի թռուցիկ, ուղղված Ծապլվարի գործավորական դասակարգին։ Դա մի պերճախոս կոչ էր ընդհանուր գործադուլի, ինչ որ ներկա պայմաններու մեջ մի նվիրական պարտականություն էր ամեն գիտակից գործավորի համար,

---

[15] Թանչք — մայասուլ։

բայց ափսո՛ս որ պայտար Մկո տակավին չէ հասած այն բարձրության որ կարող ըլլա ըմբռնել մասնավորին շահն ընդհանուրի օգտին զոհելու պարտադրիչ սկզբունքը:

Երրորդ թռուցիկը, հողային բանվորականության կողմէ ստորագրված, անգամ մը ևս կը գոռացներ ընչազուրկ պրոլետարիատի բողոքը հողային քափիթալիզմի դեմ:

Հետո երևցավ Քոմրաշ քուրտ գյուղի Կարլ Մարքս կլուբի մի ցնցող manifeste–ը, որ եղբայրական ձեռք կը մեկներ Ծապլվարի մեջ պատնեշի վրա կռվող իր գաղափարի ընկերակիցներուն: Այս հայտարարությունը, որ տաք շունչով մը գրված էր, սրտապնդիչ տպավորություն գործեց առ հասարակ բոլոր ընկերներու վրա:

Հինգերորդը Ծապլվարի գիտակից տիկնանց «Հառաջ» ակումբի անդրանիկ թռուցիկն էր, որով հրավեր կ'ըլլար Ծապլվարի բոլոր տիկիններուն գալ բոլորվելու մեր շուրջը, դպրոցի գագաթը բարձրացող կարմիր դրոշակին տակ:

Վերջապես, երևցավ նաև Ծապլվարի հայ կանանց «Անձնվեր» խումբի թռուցիկը, սրտառուչ մի կոչ, ուղղված առ հասարակ բոլոր հայուհիներուն, որպեսզի փութան շուտով մի քիչ ամոքիչ տերևներ հավաքել և եփել: Ասիկա մի համակրական ցույց էր դեպի կուսակցությանս Ծապլվարի ներկայացուցիչը որ, ինչպես ըսի, թանչքէ կը տառապեր: Այս փափուկ հոգածությունը պարտավոր ըրավ զիս անմիջապես միթինկ կայացնել և հրապարակային շնորհակալություն հայտնել՝ կուսակցությանս կողմէ՝ հայ կանանց «Անձնվեր» խումբին: Իմ ճառս Խն Ավո նշանացի կերպով թարգմանեց ընկերուհի Սառայի, որ շատ հուզված կ'երևար:

Բաց աստի, մյուս կողմէ, բանակցություններ սկսված են Ռես Սերգոյի և Տեր Սահակի հետ: Ռես Սերգո երեք օր առաջ եկավ և ուզեց որ դպրոցը թողունք, հաշտություն գոյացնենք և գյուղը հանդարտի: Մինչև իսկ խոստացավ դպրոցն առ այժմ փակ պահել, ուսուցիչը ետ դրկել և ինձ հանձնել դպրոցի տնօրենությունը, անպայման կերպով:

Այդ խաղաղական առաջարկներն ի հարկէ կարելի չէր ընդունիր — մենք կ'ուզեինք գաղափարական պայքար, հեղափոխական գործունեություն և ոչ թե անշարժություն և մեռելություն:

— Մենք ամենքս ալ հայ ենք, եղբայր ենք, ինչո՞ւ սիրով չապրինք իրարու հետ, ինչո՞ւ կռիվ ընենք,— կը կրկներ այդ կեղտոտ պուրժուան որ կարող չէր ըմբռնել թե կյանքի էական պայմանն էր կռիվը, թե դասակարգային պայքարը անհրաժեշտ էր ընկերվարության հաղթանակին համար, և թե առանց արյունահեղության կարելի չէր մի լավ բան դուրս բերել:

Երկարորեն բացատրեցի իրեն որ ինք, իբրև պուրժուազիայի ներկայացուցիչ, պարտավոր է լինել մեր կատաղի հակառակորդը և իբրև այդ՝ պետք է դիմե կեղտոտ միջոցներու, հրամայողական պարտք էր իրեն համար ոստիկանության աջակցության դիմել և մեզ բռնի դուրս հանել դպրոցեն և այլն:

Ռես Սերգո պատասխանեց թե իբրև գյուղապետ երբեք չպիտի թույլատրեր որ ոստիկան բերվեր և կը նախընտրեր մեռնիլ՝ քան թե ներքին կռիվներու համար կառավարության դիմում ընել:

Կը տեսնե՞ք որ այդ կեղտոտ արարածը նույնիսկ կարող չէ ունենալ իր դասակարգին պահանջած սև ոգին: Ի զո՛ւր կրկնեցի թե մեր մեջ պետք է մղվեր դասակարգային կատաղի կռիվ, թե իրենք պարտավոր են մեզ դեմ գործածել բոլոր կեղտոտ զենքերը, մատնություն, դավաճանություն, զրպարտություն և ի հարկին դիմելու էին բռնի միջոցներու, թե առանց ատոր կարելի չէր ունենալ պուրժուազիական կեղտոտ դասակարգը, որուն գոյությունը անհրաժեշտ է, անոր դեմ մղելու համար հեղափոխական ազնիվ պայքարը:

— Մենք եղբայր ենք, մենք քրիստոնյա հայեր ենք, մենք պետք է իրար սիրենք, միաբանությամբ ապրինք,— կ'ըսեր ու կ'ըսեր այդ ապուշ արարածը:

Համենայն դեպս, ես հաստատ մնացի կռիվի ասպարեզին վրա: Պայքար հառաջ բերելու համար այնքան ջանքերե վերջ, չէի կրնար մի հիմար գյուղացիի խաղաղասիրական զգացումներուն զոհել մեր երեք ամսվան ամբողջ ջանքերն և գործունեությունը: Դա շատ վատ ազդեցություն պիտի գործեր մեր շարքերուն վրա:

Վաղը ինձ մոտ կու գա Տեր Սահակ նոր բանակցություններու համար: Վճռական քայլը կ'առնվի այն ատեն, և այդ հիմար Րես Մերզո վերջապես կը ստիպվի դիմել կառավարություն և ոստիկանական միջամտություն հրավիրել, ինչ որ անհրաժեշտ է մեր պայքարի վերջնական հաղթանակին համար:

Փութը եկավ, նամակներ և թերթը եկան, հրահանգներ եկան, բայց փող չկա: խնդրեմ ուշադրություն դարձրեք այդ կենսական հարցի վրա:

Ը.

ԾԱՊԼՎԱՐ, 24 դեկտեմբեր, 1908

Սիրելի ընկերներ,

Վերջապես հեղափոխական գործունեությունը Ծապլվարի մեջ իր սուր հանգամանքը ստացավ: Այն կեղծ ու խաբեական կապերն որոնցմով մինչև այսօր պրոլետարիատ դասակարգերը միացած էին պուրժուազիական, կղերական և ազրարային ազնվականության կեղեքիչ տարրերու հետ, խզվեցան, ջախջախվեցան. ինքնագիտակցությունը զարթնեց գյուղացիական մասսաներու մեջ, ստեղծվեցան որոշ հոսանքներ և կազմվեցան իրարու անհաշտ այն թշնամի տարրերն որոնց անողոք ու կատաղի պայքարեն մի լավ բան դուրս պիտի գա անպայման:

Բայց հարկ է պատմել իրողություններն իրենց ժամանակագրական կարգով:

Ռես Սերգոյի հաշտարար միջամտության անհաջող փորձին հետևյալ օրն իսկ մեր մոտ եկավ Տեր Սահակ և կրկնեց, գրեթե բառ առ բառ, իր դասակից կեղտոտ պուրծուայի խոսքերը, ըսելով որ իրենք պատրաստ էին ամեն զոհացում տալ մեզի որպեսզի վերջ գտներ Ծապլվարի մեջ գաղափարային հեղափոխական ազնիվ պայքարը, որուն «անխորհուրդ իրարանցում» անունը կու տար միջնադարյան ճիզվիթականության այդ սևհոգի ներկայացուցիչը:

Հարկ եղավ բացատրել իրեն թե՝ հեղափոխությունը չի կրնար ընդունիլ երբեք կղերականության կողմէ տրված խրատները, թե պայքարը սկսած է և կարելի չէ կասեցնել անոր հառաջխաղացությունը:

— Բայց ի՞նչ է ձեր նպատակը,— պնդեց այդ խավարամիտ տերտերը:

Իբր թե հեղափոխական ազնիվ պայքար մղելու համար անհրաժեշտ ըլլար նպատակ մը ունենալ և թե անկեղծ ու անձնվեր հեղափոխականի մը համար պայքարն արդեն նպատակ մը եղած չըլլար:

Այդ ապականված ու այլասերած էություններուն համար, որոնց ամեն մը քայլը մի շահամոլական նպատակ ունի, կարելի չէ ըմբռնել թե մի մարդ կարող է մի ոնէ գործունեութիւն ցույց տալ առանց նրա ծայրը անպատճառ մի օգտակարություն լինելու: Անշուշտ Տեր Սահակի նման հետադիմական ուղեղները չեն որ պիտի կրնան հասկնալ «պայքարը պայքարի համար» իմաստասիրական սկզբունքը, ուստի լավագույն համարեցի չպատասխանել: Բայց Խն Ավո որ ներկա էր և որուն հեղափոխական դաստիարակությունը տարօրինակ զարգացումի կը հասնի հետզհետե, Տեր Սահակի այդ բրովոքացիային չկարողացավ համբերել և նրա խալփախը[16] քաշեց, դուրս շպրտեց պատուհանեն, ըսելով.

— Ահա՛ մեր նպատակը։

Խն Ավոյի այդ արարքը և կարճ խոսքը, ինչպես կը տեսնեք, իրենց մեջ կը խտացնեն մեր ամբողջ հեղափոխական գործունեության փիլիսոփայությունը։

Տգետ տերտերն իհարկե չհասկցավ այս ձևով իրեն տրված պատասխանին հոգեբանական բարձրությունն և նույնիսկ համարձակեցավ բողոքելու։

Անմիջապես փաստացի կերպով ցույց տվի իրեն թե՝ բռովոքացիան իր կողմէ եղած էր, թե՝ ինքն էր նախահարձակը և ընկեր Ավոյի արարքը մի օրինավոր անձնապաշտպանություն էր պարզապես։

Քահանան ոտքի ելավ մեկնելու համար։ Այն ատեն, մեր նախօրոք տված որոշումի համեմատ, Սմենց Վարդան, Հասո և Խն Ավո հարձակեցան Տեր Սահակի վրա, ձեռներն ու ոտքերը կապեցին և այսպես հանկարծական հարձակումեն սարսափած՝ Տեր Սահակ մարեցավ։

Անմիջապես Ծապլվարի հայ կանանց ԱՆՁՆՎԵՐ խմբի նախագահ ընկերուհի Սառա փութաց տերտերի մոտ և պետք եղած խնամքները տվավ։

Քիչ հետո Տեր Սահակ սթափեցավ և երբ իր հանդարտությունը գտավ, բացատրեցի իրեն թե՝ իր կյանքին մասին մի ունէ վտանգ չի սպառնար, թե ինք մեր մոտ կալանավոր պիտի մնար մինչև պայքարի վերջնական ելքը։

Մի քանի ժամ հետո, գյուղացիք տեսնելով որ իրենց տերտերը դուրս չի գար, մյուս կողմէ նշմարելով որ իր խալփախը դուրս ձգված է՝ հավաքվեցան դպրոցին առջև և սկսան «Տեր հա՛յր, տեր հա՛յր» կանչել։ Այն ատեն փայտե փեղկերեն մին բանալ տվի, և տղերքը քահանան պատուհանին քով բերին, գլուխը բաց և թևերը կապված։

---

[16] Խալփախ — գլխարկ։

— Ահա՛ ձեր դավաճանության դեմ՝ հեղափոխության պատասխանը,— գոչեցի վարը ժողված ամբոխին:

Քառորդ ժամ չանցած՝ ամբողջ Ծապլվար հավաքված էր մեր շենքի շուրջը, հո՛ն էր Ռես Սերգո իր երկու որդիներով, հո՛ն էին և Սըհո Ջան, Փրենց Հարո, Կոլոշենց Սեդո, պայտար Մկո, կիներ, հարսեր ու աղջիկներ ու բոլոր երախայքը, որոնք լաց ու կոծով կը պոռչտային և իրենց քահանան կը պահանջեին: Աղմուկը հետզհետէ կ'ավելնար:

Հանկարծ Քոմրաշ գյուղի Կարլ Մարքս կլուբի քարտուղար Հասո երևցավ պատուհանի առջև. և երեք անգամ իր հրացանը պարպեց օդին: Ամբողջ պուրժուազիան և անգիտակից ամբոխը լեղապատառ խույս տվին ու փողոցը ամայության մեջ ինկավ:

Այդ օրվա բոլոր եղելությունները շատ ցնցող տպավորություն առաջ բերին առ հասարակ ամբողջ Ծապլվարի մեջ:

Հետևյալ օրը կրկին բանակցությունները սկսան, բայց այս անգամ ներկայացող պատգամավորները չէին համարձակեր մեր դրան սեմեն ներս մտնել, այլ դուրսը կեցած կը խոսեին: Ի հարկե մենք հաստատ մնացինք մեր որոշումին մեջ և հայտարարեցինք թե՝ միմիայն բռնի ուժի առջև տեղի պիտի տանք:

Ամբողջ մի շաբաթ այդ կացությունը տևեց. վերջապես տեսնելով որ մենք երբեք տեղի չպիտի տանք հաշտարար խաբեական զիջողություններու՝ Ռես Սերգո, Սըհո Ջան և Փրենց Հարո, երեք օր առաջ, երկար խորհրդակցություններե ետքը, կ'որոշեն դիմում ընել կառավարության:

Մեր անխոնջ ու համառ պայքարին հաղթական արդյունքն էր դա:

Այս երեկո, ինչպես լուր առինք, կը հասնին երկու ժանտարմա և մի հիսնապետ: Վաղը կը լինի վճռական օր:

Ափսո՛ս որ այս կրիտիկական մոմենտներուն մեջ տակավին բավարարություն չտվիք մեր փողի պահանջմունքներուն: Չգիտեմ ինչպե՞ս բացատրել ձեր այդ աշխարհահայացքը:

Թ.

ԾԱՊԼՎԱՐ, 4 հունվար, 1909

Սիրելի ընկերներ,

Դրությունը վատացավ, խիստ վատացավ և չգիտեմ թե ի՞նչ դուրս պիտի գա վերջ ի վերջո: Ինչպես նախորդ գրությամբս ծանուցած էի, Ծապլվարի պուրժուազիական դասակարգի կեղտոտ ներկայացուցիչները Ռես Սերգո, Սրիո Ջան և Փրենց Հարո, մեր ազնիվ գաղափարային պայքարին պատասխանեցին իրենց սովորական զենքերովը. մատնությամբ և դավաճանությամբ:

Տխո՛ւր երևույթ:

Երբ երկու ոստիկաններն ու հիսնապետը հասան Ծապլվար, Ռես Սեգո և իր խաֆիե[17] ընկերները ցույց տվին այն շենքը որուն մեջ մենք շաբաթներե ի վեր ամրացած էինք: Դա մի երկրորդ մատնություն էր այդ ստոր արարածներու կողմե:

Մենք ի հարկե ընդդիմություն ցույց չտվինք մեր թուրք եղբայրներուն. սիրալիր կերպով ընդունեցինք զիրենք ու անմիջապես դուրս ելանք դպրոցեն ու վերադարձանք մեր տուները: Եվ սակայն պատահեցավ մի շատ անախորժ դեպք

[17] Խաֆիե — լրտես:

որ մենք չէինք նախատեսեր: Հինապետը և ոստիկանները ձերբակալեցին ու միասին տարին Քոմրաշ գյուղի Կարլ Մարքս կլուբի քարտուղար ընկեր Հասոն իբրև վաղեմի չարագործ: Ի զո՛ւր բացատրեցի հինապետին որ նա գաղափարային պայքար կը մղեր մեզի հետ, թե Քոմրաշ գյուղի կողմե մի պատգամավոր ներկայացուցիչ էր և թե ատոր համար իր անձը պետք է նվիրական համարվեր:

— Ինք քուրտ, դուք հայ, ձեր գործերուն ինչո՞ւ կը խառնվի, դպրոցը ո՞ւր՝ Հասոն ո՞ւր, նա մի պարզ ավազակ է,— կ'ըսեր հինապետը:

Պատասխանեցի իրեն թե էքսփրոփրիացիայի մասին չէի գիտեր ընկեր Հասոյի որոշ հայեցակետը, բայց թե նա քուրտ լինելով իրավունք չուներ միջամտելու հայերու գործին՝ դա մի անընդունելի գաղափար էր: Բացատրեցի իրեն թե Վասիլի Գոլուբևի տեսությունը ցեղային զանազանություններու արվեստական բաժանմունքներու մասին և ցույց տվի թե մարդկային ընկերությունը ո՛չ թե զանազան ազգություններու կը բաժնվի՝ այլ որոշ դասակարգերու, և թե այս տեսությունը ընկեր Հասո, իբրև պրոլետարիատ, կը նույնանար Խև Ավոյի և Սմենց Վարդանի հետ:

Բոլոր այս փաստացի ապացույցներն անօգուտ եղան և Հասո տարվեցավ Արաբկիր, ուր բանտարկված կը մնա:

Հազիվ թե հինապետն ու երկու ոստիկաններն իրենց կալանավորին հետ հեռացան Ծապլվարեն, մի ցնցող թռուցիկ բաժնել տվի գյուղին մեջ: Ահավասիկ նրա բովանդակությունը որ ունի պատմական որոշ նշանակություն:

«Գիտակից ժողովուրդ,

Ահա՛ ճանաչեցիր քո բարեկամներն ու քո թշնամիները, ահա՛ տեսար թե գաղափարային ազնիվ հողի վրա դրված մեր պայքարին ի՛նչ վատությամբ պատասխանեցին քո հակառակորդները: Երբ քո աննկուն կամքդ չթեքվեցավ այդ կեղտոտ դասակարգի պիղծ գարշապարին ներքև, նոքա չվարանեցան դիմելու իրենց սովորական ու սիրելի միջոցներուն՝ մատնության և դավաճանության: Այո՛, այդ համիտաբարո հայակեր մութ հոգիները կառավարության դուռն ափ առին, ոստիկանական ուժին դիմեցին վատաբար: Այդ զարշելի արարքով նոքա իրենց մահվան դատակնիքը ստորագրեցին: Առջի օրվընե ի վեր այլևս մեռած է Ծապլվարի մեջ պուրժուազիական մատնիչ ու դավաճան դասակարգը, մեռած է և մութ ուժերու ներկայացուցիչ կղերականությունը, մեռած է և ագրարային քափիթալիզմի կեղեքիչ դասակարգը, մեռած է և գյուղային ազնվականության ամբարտավան տարրը, և այդ դիակույտին վրա կը բարձրանա Ծապլվարի գիտակից պրոլետարիատը:

Բայց, գիտակի՛ց ժողովուրդ, մի՞թե թույլ պիտի տաս որ այդ մեռյալներն իրենց եղեռնագործ դավաճանության մեջ անպատիժ մնան, մի՞թե չպիտի վերակենդանացնես զանոնք որպեսզի քո ձեռքովը իրենց պատիժը տաս:

Մենք մեր կեղտոտ ու դավաճան հակառակորդներուն պես փրովոքացիաներու չենք դիմեր, մենք այդ վատերուն պես եղբայրասպան կռիվներու չենք մղեր Ծապլվարի տգետ ու անգիտակից մասսաները, բայց կ'ըսենք մեր գիտակից շարքերուն.— Դավաճանության և մատնություն գործվեցավ Ծապլվարի մեջ, դավաճաններն ու մատնիչները օր ցերեկով, հայտնի համարձակ կը պտտին, գիտակից ժողովուրդը կը ճանչնա զանոնք, մենք ոնէ խրատ կամ խորհուրդ չենք տար, բայց նա իբրև գիտակից ու խորհող ուժ՝ իր պարտականությունը կ'ըմբռնե և զայն կը գործադրե. նա բռնակալության ահավոր շրջաններուն իսկ գիտցավ թե ի՞նչ է մատնիչ դավաճաններու պատիժը և ըստ այնմ պատժեց զանոնք, այժմ որ անոր գիտակցությունն ավելի ևս զարթած է՝ մի՞թե կարելի է որ ընկրկի, դա վատություն և ստորություն կը լինի:

Մենք շատ հարգանք ունինք դեպի ժողովուրդի ինքնագիտակցությունը. աստի մեզ չենք ներեր ունէ կերպով անոր թելադրել իր պարտականությանը. մենք կը գոհանանք գոչելով.

Անկցի՛ն վատերը, անկցի՛ն մատնիչները, անկցի՛ն դավաճանները. կեցցէ՛ Ծապլվարի գիտակից երիտասարդությունը»:

Այս թռուցիկը բաժնվելեն մեկ քանի օր հետո Խն Ավո կալին մեջ հանդիպելով Ռես Սերգոյի կը հարձակի այդ վատի վրա և բահով մի լավ ծեծ կը քաշե, նույն երեկոյին Սմենց Վարդան փառավոր կերպով կը ծեծէ Սըհո Զանը: Ահա՛ թե ի՛նչ անակնկալ արդյունք տվավ այդ վատ ու ցած արարածներու մութ գործունեությունը:

Այժմ կացությունը լարված է Ծապլվարի մեջ: Քոմրաշեն ևս ծանր լուրեր կը հասնին: Հասոյի բանտարկությունը գրգռած է ամբողջ գյուղը Ծապլվարի դեմ:

Շնորհակալություն իմ համեստ գործունեության մասին ձեր շռայլած գովեստներուն համար, իցի՛վ թե անոնց տեղ մի քիչ փող ուղարկեիք: Բարոյական քաջալերանքը բավարարություն չէ կարող տալ ֆիզիքական կարիքներու, դա մի տեխնիքական ճշմարտություն է:

Ժ.

ԾԱՊԼՎԱՐ, 3 փետրվար, 1909

Սիրելի ընկերներ,

Ռեաքցիան կրկին գլուխ բարձրացուց Ծապլվարի մեջ: Մեր ազնիվ գաղափարային ծեծին որուն ենթարկվեցան երկու հայտնի դավաճաններ՝ Րես Սերգո և Սըհո Ջան, ինչպես պատմեցի նախորդ նամակով, մութ ուժերը պատասխանեցին վատաբար հարձակելով ընկեր Ավոյի և ընկեր Վարդանի վերա։ Համիտաբարո այդ մարդակերպ հրեշները գազանային կատաղությամբ՝ եկեղեցու բակը՝ կը փորձեն ապտակել մեր ընկերները, ի ներկայության Տեր Սաիակի որ կեղծավորաբար կը միջամտե կռիվին առաջքը առնելու համար։

Այդ վայրագ դավաճանությունը ի հարկե խորին ցասում հառաջ բերավ առ հասարակ մեր բոլոր գիտակից շարքերուն մեջ։ Նույն իսկ ժողովրդի չեզոք ու լուսամիտ տարրը խստիվ բողոքեց այդ ստոր արարքի դեմ. օրինակ՝ Կոլոշենց Սեդո, մի ազնվական և բավականաչափ զարգացյալ անձնավորություն, դեպքի երեկոյին եկավ ինձ մոտ և ցավ հայտնեց պատահած իրականության մասին ու ամբաստանեց Րես Սերգոն իբրև դրդիչ և կազմակերպիչ այդ վատ դավադրության, թեև դեպքը պատահած ժամանակ այդ կեղտոտ պուրժուան մի քանի օրե ի վեր բացակա էր Ծապլվարեն։

Ի հարկե կռահեցի թե Կոլոշենց Սեդո ուներ հետին մտքեր, թե նա թաքուն հակառակորդն էր Րես Սերգոյի, թե կ'ուզեր անոր դիրքը գրավել գյուղին մեջ և թե կը հուսար իր նպատակին հասնիլ դիմելով մեր աջակցության։ Այդ ամենը ինձ ծանոթ էր. բայց և այնպես չէի կրնար մերժել իր անկեղծ զգացումները, մանավանդ որ Սեդոյի միջոցով մենք մեր ափի մեջ կ'առնեինք նաև գործավորական դասակարգը, որ մինչև հիմա ցուրտ վերաբերում ունեցած է մեզի հանդեպ, քանզի պայտար Մկո փեսան է Կոլոշենց Սեդոյի։

Ուստի ի նկատ առնելով մեր գործունեության նկատմամբ արտահայտված անկեղծ համակրությունը, և՛ բանվորական դասակարգի շահերը, և՛ մանավանդ կուսակցության շահերը, ամենաջերմ վերաբերում ունեցա Սեդոյի հանդեպ։

Առ այժմ միասին կազմեցինք ո՛չ կուսակցական չեզոք հողի վերա մի լիկա, որ նպատակ ունի ամեն զնով պայքար մղել Ռես Սերգոյի և իր քլիքի դեմ։

Դա մի աչքի ընկնող հաղթանակ է մեզի համար։

Կարելի է ըսել որ ներկայիս Ծապլվար բաժնված է երկու հավասար ուժով թշնամի որոշ բանակներու։ Մեկ կողմը կան գիտակից տարրերն իրենց դասակարգային որոշ բաժանմունքներով, իրենց ինքնահատուկ պահանջմունքներով, աշխարհահայացքով ու ծրագրով. մյուս կողմը կան անգիտակից մասսաները, կեղեքիչ տարրերը, սև ուժերը, վերջապես ամբողջ ռեաքցիան։

Եվ խորհի՛լ թե վեց ամիս առաջ Ծապլվարի մեջ գոյություն չունեին ո՛չ պուրժուազիա, ո՛չ ագրարային քափիթալիզմ, ո՛չ հողային բանվորականություն, ո՛չ գործավորական դասակարգ, ո՛չ պրոլետարիատ, ո՛չ գիտակից մտնավորականություն, ո՛չ ռեաքցիա, ո՛չ կղերական մութ ուժեր, վերջապես ոչինչ։ Ու այդ տզետ ու տխմար գեղացիները մեղապարտ հանդարտությամբ միասին կ'ապրեին, առանց նշմարելու զիրենք բաժնող անանցանելի խրամատները, իրենց ընդդիմամարտ շահերը և ամեն զնով պայքար մղելու հրամայողական պահանջքը։

Չէ՛, կարելի չէ ասել թե Փանջունի Ծապլվարի մեջ պարապ անցուց ժամանակը։

Բայց, ափսո՛ս, մինչդեռ հոս դրությունը հետզհետե կը լավանա, Քոմրաշ գյուղի մեր քուրդ եղբայրներեն վրդովեցուցիչ լուրեր կը հասնին։

Կարլ Մարքս կլուբի քարտուղարը, որ ինչպես գիտեք, ձերբակալվելով Արաբկիր տարված էր, հոն դատաստանի ենթարկված է և իբրև, նախկին դատապարտյալ կրած է ծանր պատիժ, ընդունելով երկու տարվան բանտարկութիւն։ Դպրոցի մեջեն արձակած հրացանի հարվածները շատ ծանրացուցած են իր հանցանքը։

Երբ դատապարտության լուրը կը հասնի Քոմրաշ գյուղը, մեր քուրդ եղբայրները բնականաբար սաստիկ կը հուզվին, որովհետև Հասո կը վայելէ մեծ ժողովրդականություն: Քրդերը բացէ ի բաց կ'ամբաստանեն մեզ՝ իբրև պատճառ Հասոյի բանտարկության: Քելեշ Մրկո որ մոտիկ ազգականություն ունի Կարլ Մարքս կլուբի քարտուղարին հետ, երեկ եկավ ինձ մոտ և ըսավ թե դրությունը շատ վատ հանգամանք ստացած է գյուղին մեջ, թե քրդերը կ'ուզեն հարձակիլ Ծապլվարի վերա և գյուղը ավարի տալ իրենց բանտարկյալ ընկերոջ վրեժը լուծելու համար, թե ինք առ այժմ արգիլած է հարձակումը, խոստանալով որ գա մեր քով ու հաշտարար եղանակով կարգադրե խնդիրը:

Քելեշ Մրկո, իբրև հաշտարար միջոց, կ'առաջարկե որ Ծապլվարցիք քառասուն ոսկի վճարեն քոմրաշցի քրդերուն, հակառակ պարագային ինք անկարող պիտի ըլլա զսպել գյուղացիներու վրեժխնդրությունը:

Պատասխանեցի թե գործին ամբողջ պատասխանատվությունը կը ծանրանար Ռես Սերգոյի վերա, թե հարկ էր դիմել անոր և ի հարկին ամեն զնով պահանջել իրենց իրավունքը: Քելեշ Մրկո գնաց այդ կեղտոտ արարածի մոտ, որ նախ վատաբար մեզ մատնած է՝ ըսելով որ մենք ենք Հասոն դպրոց հրավիրողը, և հետո հայտարարած է որ անկարելի է գյուղիս մեջ քառասուն ոսկի հավաքել:

Քելեշ Մրկո մի շաբաթ պայմանաժամ տալով մեկնեցավ լարված դրության տակ: Տեսնենք բանից ի՞նչ դուրս կը գա:

Մինչև այսօր ուշադրություն չդարձրիք դրամական հարցի մասին, և ես վերջապես ստիպվեցա դիմել Կոլոշենց Սեդոյի և մի քիչ փող վերցնել կուսակցական անունով:

Ներկա Ճգնաժամային րոպեներուն փողի պակասությունը կը վնասե ամբողջ կազմակերպական գործին:

ԺԱ.

ԾԱՊԼՎԱՐ, 19 փետրվար, 1909

Սիրելի ընկերներ,

Գաղափարային պայքարը հասած է իր ծայրագույն աստիճանին: Ծապլվարը կը վերածնի և ազատ ու անկաշկանդ մտքերն իրենց տիրապետությունը կը տարածեն կործանված խավար ուժերու ավերակին վրա: Մի պատահական դեպք, որ թեև չուներ սկզբունքային հանգամանք, վերջնականապես բնորոշեց Ծապլվարի հեղափոխական և հետադիմական տարրերու միմյանց հանդեպ ունեցած դիրքը:

Դիմակները պատառվեցան և պուրժուազիայի և կղերականության ներկայացուցիչները դուրս տվին իրենց հոգիի ամբողջ սևութ.ունը:

Դա մի մխիթարական երևույթ է:

Ահա՛ իրողությունն իր բովանդակ մերկության մեջ:

Մի շաբաթ առաջ Սմենց Վարդան կը փախցնե Սլիհո Ջանի հարսերեն մին՝ Նազլուն և կը տանի իր մոտ, իհարկե հարսի հավանությամբը: Այդ ազատ կամքով, ազատ պայմաններու տակ, ազատ համոզումով կատարված արարքը մի անհնարին հուզմունք հառաջ կը բերե: Ծապլվարի ստրկամիտ դասակարգերուն մեջ: Նազլուի ամուսինը, մի կեղտոտ պուրժուա, իր կուսակիցներու հետ վատաբար կը հարձակի Վարդանի տան վրա և կ'ուզե բռնի ետ առնել իր կինը:

Թեև Սմենց Վարդան ո՛չ կուսակցական հանգամանքով առևանգած էր Նազլուն՝ այսու հանդերձ մենք չէինք կրնար պարզ հանդիսատես մնալ, մանավանդ որ խնդիրը ուներ իր ընկերային-բարոյական կողմը, որը հարկ էր երևան հանել:

Ես, Խև Ավո, ընկերուհի Սառա, Կարո, Կոլոշենց Սեդո և պայտար Մկո փութացինք մեր ընկերոջ պաշտպանության: Տեղի ունեցավ կատաղի կռիվ, բայց Նազլուն մնաց մեր մոտ:

Անմիջապես կազմեցի ընկերական ատյան և հարցը դրի սեղանի վրա, քննելու համար անոր միայն ընկերային-իմաստասիրական հանգամանքները: Հրավիրվեցան ներկա լինելու նաև Տեր Սահակ քահանան, Նազլուի ամուսին՝ Խեչո և ուրիշներ:

Ահա ընկերային ատյանի որոշումը, որ թռուցիկի ձևով հաղորդվեցավ Ծապլվարի հայության;

«Նկատելով որ պուրժուազիական ներկա ընտանեկան կազմությունը հիմնված է հնադարյան բռնակալ հիմքերու վրա:

Նկատելով որ կնոջ միմիայն իր ամուսնուն պատկանիլը սեփականատիրական սխալ սկզբունքեն թխած է,

Նկատելով որ նախնական ընկերություններու մեջ կինը առհասարակ բոլոր համայնքին կը պատկաներ, առանց որոշ ամուսնու,

Նկատելով որ ընտանիքի քրիստոնեական կազմակերպությունը կարող չէ հաշտ գնալ դարուս ոգիին հետ,

Նկատելով որ կինը իր մարմնույն բացարձակ տերն է և անոր գործածության ազատ տնօրինուհին,

Նկատելով որ Նազլու ազատ կամքով թողած է Խեչոն ու միացած Սմենց Վարդանի հետ,

Ընկերային ատյանը կ'որոշե նախ՝ շնորհավորել ընկերուհի Նազլուն և ընկեր Վարդանը իրենց աննախապաշար ու ազատամիտ համոզմունքներուն համար, Երկրորդ՝ կ'որոշե Նազլուի և Վարդանի միությունը օրինավոր ճանչնալ, երրորդ՝ կը դատապարտն Խեչոն իր բռնավորական արարքներուն համար, չորրորդ՝ կը հրավիրե Ծապլվարի գիտակից հայուհիները հետևելու ընկերուհի Նազլուի ձերբազատական օրինակին:

«Կեցցե՛ ազատ սերը,
Կեցցե՛ ազատ միությունը,
Անկցի՛ ամուսնական ստրկությունը,
Անկցի՛ն ամուսնական շղթաները,
Կեցցե՛ն գիտակից շարքերը»:

Հակառակ ընկերական ատյանի այս արդար և հաշտարար կարգադրության, Ծապլվարի մութ ուժերը չուզեցին կատարված իրողության առջև խոնարհիլ և նույնիսկ վատաբար դիմում ըրին Արաբկիրի Առաջնորդարանին, որպեսզի բռնի հափշտակեն Նազլուն իր օրինավոր ընկերակցին քովեն և հանձնեն ապօրեն էրկանը ձեռք:

Սպասելով Առաջնորդարանի կողմե ղրկվելիք քննիչներուն՝ առ այժմ Ծապլվարի մութ ուժերուն և գիտակից տարրերուն միջև բախումները համարյա ամենօրյա դարձած են: Ընկերային այս կենսական հարցի շուրջ մղված բուռն պայքարը, որմե անշուշտ պիտի ծնի պուրժուազիական քայքայված ընկերության վերջնական քանդումը, մի շատ մխիթարական և քաջալերիչ երևույթ է և ցույց կու տա մեր անխոնջ ջանքերուն անտեղիտալի արդյունքները:

Ափսո՛ս որ, մյուս կողմե, Քոմրաշ գյուղի մեր քուրտ եղբայրները հետզհետե սպառնական կը դառնան: Իրենց քառասուն ոսկիի պահանջքին պայմանաժամը արդեն վաղուց լրացավ. մի նոր պայմանաժամ տվին զեղչելով նաև իրենց պահանջքը երեսուն ոսկիի: Բայց անկարելի պիտի ըլլա ռնէ գումար հավաքել, որովհետև ամբողջ Ծապլվար լարված դրության մեջ է և անկարելի է ընդդիմամարտ տարրերու միջև համաձայնություն կայացնել:

Կոլոշենց Սեդո կը պնդե թե Ռես Սերգոյի տունը պահված կա պատրաստ դրամ և թե հարկ է բռնի վերցնել այդ գումարը կեղտոտ արարածի քովեն, փրկելու համար գյուղը՝ սպառնացող վտանգեն:

Իհարկե Սեդոյի առաջարկը ունի լուրջ հիմք և կ'արժե նկատողության առնել. Իսկ Ավո բացարձակապես համամիտ է Ռես Սերգոյի տունը թալանի տալու և հոն պահված դրամները գրավելու մասին։ Խնդիրը սկզբունքային տեսակետով կարելի է խիստ օրինավոր համարել, իբրև մի էքսփրոփրիացիայի ակտ, - ընդհանուրի փրկության հրամայողական պահանջեն բխած։

Այս երեկո մեր ընդհանուր գումարման մեջ կը ծեծվի այդ հարցը և կը տրվին վճռական որոշումները։

Ճգնաժամային բոպեներուն՝ պետք է ցույց տալ որոշ կամք, ազդու գործունեություն։ Acta, non verba[18], այս պետք է լինի մեր նշանաբանը։

Մի վերջին բառ.

Փող ուղարկեցե՛ք։

ԺԲ.

ՄԱՇԿԵՐՏ, 27 փետրվար, 1909

Սիրելի ընկերներ,

Հաղթությո՛ւն, հաղթությո՛ւն։ Վերջապես մեր կորովի գաղափարային ազնիվ պայքարը անպայման տարավ հաղթանակը, անկեղծ հեղափոխական սկզբունքը փրկվեցավ, թեև Ծապլվար կործանեցավ։ Ափսո՜ս, ի՞նչ անել, կարելի չէ ձվազեղ եփել առանց հավկիթ կոտրելու, կ'ասե ֆրանսական առածը։ Ծապլվարի ավերակներուն վրա այժմ կը բարձրանա մաքուր իտեալական պայքարի հոյակապ հաղթակամարը։

Դա մի շոշափելի արդյունք է մեզ համար։

---

[18] Acta non verba — գործ, ոչ թե խոսք։

Ինչպես նախորդ նամակով ծանուցած էի՝ մեր վերջին ժողովը կայացավ մեր բոլոր մարտական գիտակից ուժերու ներկայության։ Ընկեր Սեդո մի կրակոտ դասախոսությամբ առաջարկեց անմիջապես հարձակիլ Ռես Սերգոյի տան վերա, և բռնի վերցնել հոն պահված դրամները, կեղտոտ պուրժուազիայի այդ անարգ զենքերը, զանոնք վերադարձնել իրենց օրինավոր տերերուն, բավարարություն տալով միանգամայն Քոմրաշ գեղի քրդերու պահանջքին։

Ընկեր Սեդոյեն ետք, ես խոսք առի և հարցը մի միայն սկզբունքային իմաստասիրական տեսակետեն քննելով, ցույց տվի թե որքա՛ն արդար և օրինավոր էր մեր ընկերոջ առաջարկը։ Ժողովը միաձայնությամբ վճռեց հետևյալ օրն իսկ որոշումը դնել գործնական հողի վրա։

Այսպես ուրեմն երկու օր առաջ, Սմենց Վարդան, Խև Ավո, պայտար Մկո, Կոլոշենց Սեդո, Կարո, ընկերուհի Սառա և ես գնացինք դիրք գրավելու Ռես Սերգոյի բնակարանին շուրջը։

Այդ վատ արարածը նախապես իմանալով մեր դիտավորությունը, որ արդեն ծածկելու ջանք չէինք ըրած, քանի որ կը գործեինք հեղափոխական որոշ և լեգալ պայմաններու տակ, իր մոտ հավաքած էր Ծապլվարի բոլոր մութ ուժերը։

Հազիվ թե մեր մարտական խումբը երևցավ բնակարանի շրջակայքը, ահա՛ տեսանք որ Ռես Սերգո և Տեր Սահակ կու գային մեր մոտ։ Իսկույն գուշակեցի թե մի հետին խաբեբայություն կ'ուզեր փորձել ծեր աղվեսը, բայց բարեբախտաբար ինքնագիտակցությունը արդեն զարթնած էր Ծապլվարի մեջ. ընչազուրկ պրոլետարիատը չէր այն՝ ինչ որ էր բռնակալության խավար շրջաններուն և կեղեքիչ պուրժուազիան կարող չէր գայն խաբել իր նենգություններով։

Ռես Սերգո խոնարհ և կեղծավոր ձևերով բարևեց մեզ և աղաչեց որ գնանք իր տունը, փոխանակ դուրսը կենալու։

Պատասխանեցի որ մենք եկած էինք իբրև անհաշտ թշնամի, հետևաբար բռնի պիտի մտնեինք իր բնակարանը:

— Բայց ի՞նչ հարկ բռնի մտնելու, քանի որ դուռը թաց պիտի գտնեք,— ըսավ այդ ստրկամիտ սողունը:

— Նույնիսկ եթե դուռը բաց գտնենք, նախ պիտի խորտակենք ու հետո ներս մտնենք,— գոչեցի վճռաբար,— այս է ներկա իրականության հրամայողական պահանջքը:

Տեր Սահակ ինքն ալ միջամտեց և երկուքը միասին աղաչանքներով ու հազար երդումներով պնդեցին թե տանը մեջ ենթադրված դրամը գոյություն չուներ, թե այդ՝ Կոլոշենց Սեդոյի մի սուտ խոսքն էր որ անձնական հակառակության համար ստեղծած էր, թե իր մոտ եղած ամբողջ պատրաստի դրամը վեց ոսկի էր և թե ինք պատրաստ էր այդ գումարը անմիջապես մեզ հանձնելու, եթե ուզեինք:

Պատասխանեցի թե հարցը գումարի քանակության վրա չէր, թե նույնիսկ եթե ո՛չ մի փող գտնվեր իր մոտ՝ մենք ամեն գնով պիտի հարձակեինք իր բնակարանի վրա, քանի որ այդ էր ժողովի որոշումը:

Այս բանակցության միջոցին՝ Կոլոշենց Սեդո հանկարծ վերցուց իր հաստ գավազանը և ուժգին խփեց Սերգոյի գլխին: Գլուխը պատառվեց և արյունը սկսավ հոսիլ: Դա եղավ կռիվի ընդհանուր նշանը.

Կռվեցեք, տղերք, կռվեցեք քաջ-քաջ,
Անվեհեր կանգնած թշնամու առաջ...

սկսավ երգել Խև Ավո: Ու ահա մեկեն Սերգոյի տնեն դուրս խուժեցին տղաքն ու փեսաները, բիրերով զինված, նաև Սըհո Ջան, Փրենց Հարո ու իր փեսան, և ուրիշ հետադիմական տարրեր: Պայքարը ստացավ սոսկալի երևույթ, կռվողներու կատաղությունը մեկ կողմե, կիներու և մանուկներու վայնասունը մյուս կողմե, մի աննկարագրելի տեսարան կը պարզեին: Մեր տղերքը աննման քաջություն ցույց կու տային և անշուշտ վերջնական հաղթանակը կը մնար մեզ, երբ լսվեց կիներու մի ահաբեկ աղաղակ.

— Քրդերը կու գան...

Եվ ահա՛ նշմարեցի տասնըհինգի չափ զինյալ ձիավորներ, որոնց մեջ կ'երևային Քոմրաշ գյուղի Կարլ Մարքս կլուբի մեկ քանի անդամները, իրենց նախագահին ղեկավարության տակ:

Մի ուժգին հրացանաձգություն լսվեց. Րես Մերգո վատաբար փռվեցավ գետին, մեր քաջ ընկեր Ավո ևս առյուծի պես ընկավ: Երկուքն ալ մեռած էին: Մոմենտը կրիտիկական էր. ես շտապեցի դեպի եկեղեցի, մտա ներս, դիմեցի դեպի խորանը, որու ետև գտա մի ինչ որ նկուղ, վերցրի կափարիչը և ծածկվեցա հոն կափարիչը վերստին գոցելով: Քանչորս ժամ մնացի այդ տեղ, անախորժ դրության մեջ:

Երբ ամեն աղմուկ դադրեցավ և վստահ եղա թե Քոմրաշի քրդերը մեկնած էին, դուրս ելա թաքստոցեն: Եկեղեցին ամբողջ թալանված էր, թալանված էր և Ծապլվար, Րես Մերգոյի, Մըհո Տանի, Կոլոշենց Մեղոյի, Տեր Սահակի, Սմենց Վարդանի, վերջապես բոլոր աչքի ընկող տուները կ'այրեին տակավին, այրած էր և նորաշեն դպրոցը: Տեսա Տեր Սահակի, Մեղոյի, Վարդանի և ուրիշներու դիակները, որոնք իրենց արյունով գետինը կը ներկեին:

Գյուղին մեջ չկար ո՛չ մեկ շունչ, ողջ մնացողները խույս տվեր էին մոտակա գյուղերը: Ավերակ և ամայություն կը տիրեր ամեն կողմ:

Տեսարանը ցնցող և տպավորիչ էր:

Պաշտոնս ավարտած համարելով որոշեցի անմիջապես հեռանալ գյուղեն:

Ափսո՛ս որ փոխադրության միջոցներ չկային և ստիպվեցա ոտքով գնալ: Բարեբախտաբար մի քանի ժամ քալելե ետքը դաշտի մը մեջ նշմարեցի Րես Մերգոյի էշը որ կ'արածեր; Փութացի իր մոտ, հեծա վրան ու այսպես հասա Մաշկերտ գյուղը, ուրկե կը գրեմ այս նամակը:

Այսպես ուրեմն գաղափարային ազնիվ կռիվը տվավ իր անդրանիկ զոհերը, արյունը հոսեց և ոռոգեց դասակարգային պայքարի դաշտերը, որոնք իհարկե պիտի արգասավորվին ու պիտի տան իրենց արդյունքը: Մենք կատարեցինք մեր պարտականությունը և այժմ խղճի հանդարտությամբ կը սպասենք քաղելու մեր ջանքերու պտուղը:

Առ այժմ մտադիր եմ մնալ Մաշկերտ: Գյուղը ավելի բազմամարդ է քան Ծապլվար: Գործունեության մի նոր դաշտ կա հոս, նո՛ր պրոփականտ, նո՛ր կազմակերպություն, նո՛ր պայքար, նո՛ր արդյունք:

Երևույթները մխիթարական ու քաջալերիչ են: Պետք չէ վհատիլ և պետք է պատրաստել կռիվի նոր ասպարեզ:

Փող ուղարկեցէ՛ք իմ նոր հասցեին:

(ՎԵՐՋ «ԸՆԿԵՐ ՓԱՆՋՈՒՆԻ Ի ԾԱՊԼՎԱՐ»–Ի)

ԸՆԿ. Բ. ՓԱՆՋՈՒՆԻ Ի ՎԱՍՊՈՒՐԱԿԱՆ

ԵՐԿՈՒ ԽՈՄՔ

Ընկեր Փանջունիի անունը այնքա՛ն ժողովրդական է այսօր մեր մեջ որքան թերևս Պողոս Փաշա Նուպարի անունը: Ծապլվարի հերոսը՝ տակավին իր առույգ կենդանության մեջ՝ արդեն իսկ անմահության լուսապսակովը զարդարված է: Իր համբավը անսահման է և իր հեղինակությունը անվիճելի: Իր նամակները հեղափոխության ընծայացուներու Հավատամքը կը կազմեն և զրեթէ օրէնքի ուժ ունին։ Այդ նամակներուն առաջին մասը, որոնք Փանջունիի ծապլվարյան առաքելությունը կը պատմեն, արդեն մասնավոր հատորով լույս տեսած են։

Այս նոր հատորը կը պարունակէ իր մյուս նամակներուն հավաքածոն, որոնց մեջ մեր հերոսը մանրամասնորեն կը տեղեկագրէ իր Վասպուրականի մեջ ունեցած գործունեությունը որ նվազ հուզումնալից ու հատկանշական չէ քան Ծապլվարինը։

Այս նամակներուն կցված են նաև իր դասախոսություններու շարքը որ մյուսներուն հետ երևցած է «Բյուզանդիոնի» մեջ։

Իր դասախոսություններեն ետքը, ընկեր Փանջունի հանկարծ հեռացավ հրապարակեն, կարծես կամավորապես ուզելով մոռցնել իր անունը։

Արդյոք հրաժարեցա՞վ հեղափոխական գործունեութենե, արդյոք իր գաղափարներն ու համոզումները չփոխե՞ց կամ ուրացա՞վ։ Դասալի՞ք մըն է Փանջունի։ Բնա՛վ երբեք։

Իրենին նման նկարագիրները ո՛չ տարիներեն, ո՛չ դեպքերեն, ո՛չ հուսախաբություններեն կ'ազդվին։

Ապահովաբար օր մը կրկին պիտի լսենք իր անունը։ Երբ ժամը հնչե՝ ան իր շարքերուն գլուխը պիտի գտնվի։

Ծապլվարի հերոսը իր վերջին թառը չէ ըսած տակավին։

Երվանդ Օտյան, փետրվար 1914թ.

***

«ԲՅՈՒԶԱՆԴԻՈՆԻ» բարեկամ ընթերցողներան շատեր ատեն-ատեն տեղեկություններ կը հարցնեին ինե ընկեր Բ. Փանջունիի մասին՝ որուն Ծապլվարի մեջ կատարած առաքելությունը, իր նամակներեն քաղելով, հրատարակած էի այս թերթին սյունակներուն մեջ։ Վերջին նամակը, զուցե չէ մոռցված, Մաշկերտեն գրված էր, ուր մտադիր էր հաստատվիլ մեր գործիչը, հոն շարունակելու համար իր շինարար ու փրկագործ պաշտոնը: Այսպես ուրեմն, հարկ էր իր հետքը փնտռել այնտեղ գոհացում տալու համար մեր հետաքրքիր բարեկամներուն:

Պոլսեցի Մաշկերտցի մը — և ինչո՞ւ անունը ծածկեմ — նույն ինքն Պ. Դ. Խաչկոնց, իմ խնդրանքիս վրա ազնվորեն հանձն առավ իր ծննդավայրեն տեղեկություններ ուզելու ընկեր Բ. Փանջունիի մասին և իրա՛վ ալ, քանի մը շաբաթ ետքը, ինձ հաղորդեց թե մեր համակրելի հերոսը հազիվ ամիս մը Մաշկերտ մնացած՝ և հետո շտապով մեկնած է Վան, իր ընդունած մեկ ստիպողական հրահանգին համեմատ:

Թե ընկեր Փանջունի ինչ գործունեություն ունեցած է Վանի մեջ, գուցե այդ կետը մասամբ լուսաբանե հետևյալ նամակը որ իր գրչեն ելած է և զոր հաջողեցա ձեռք ձգել ճիշդ այն աղբյուրեն ուրկե քաղած էի նախապես ծաղլվարյան նամակները:

Ա.

ՎԱՆ, 20 մայիս, 1909

Սիրելի ընկերներ,

Ձեր որոշ և հրամայողական հրահանգներուն համեմատ, Մաշկերտեն անմիջապես մեկնեցա Վան ուր կը գտնվիմ մեկ քանի շաբաթե ի վեր:

Ժողովրդի պաշտպանության համար հարուստներեն զենքի դրամ հավաքելու ծրագիրը որ ինձ կը հաղորդեք, մի շատ գեղեցիկ գյուտ է երբ ի նկատ առնենք ներկա ժողովրդային հոգեբանության մոմենտը: Բայց ափսո՜ս որ մարտ 31-ի ռեաքցիան զսպված կ'երևի և վստահությունը կրկին կը ծնի պուրժուազիական վատ հոգիներու մեջ: Ինչի՜ վ թե մարտի վերջերը հոս գտնված ըլլայի, երբ կոտորածի ուրվականը սարսափի մատնած էր Վասպուրականի հայությունը: Այս կեղտոտ արարածները մինչև որ մահը չհոտոտեն՝ իրենց քսակները չեն բանար:

Համենայն դեպս, հոս հասնելուս պես դիմեցի քաղաքի ջոջ աղաներուն, ըսի թե կուսակցությունս որոշած է զիրենք պաշտպանել հավանական կոտորածի մը դեմ և թե ասոր համար զենքի պահանջք կար և թե հարկ էր փող տալ այդ պահանջքին բավարարություն տալու համար:

Այս կեղտոտ արարածները չհամարձակեցան բացե ի բաց մերժել մեր պահանջմունքը, բայց դիմեցին մի ճիզվիթական ստոր միջոցի:

— Մենք հոժարակամ կը վճարենք զենքի համար պետք եղած դրամը,— պատասխանեցին,— բայց նախ՝ հարկ է որ բոլոր կուսակցությունները միանան և համերաշխ գործեն:

— Ի՞նչ կուսակցություններ,— հարցուցի զարմացած:

— Արմենական [19], Հնչակյան [20] ևն. պատասխանեցին անամոթաբար, միայն այդ պայմանով կու տանք, եթե ոչ տասը փարա չենք վճարեր:

Բայց մենք ձեր աղտոտ էություններու պաշտպանությանը համար է որ զենքի դրամ կը պահանջենք,— գոչեցի:

— Նախ իրարու հետ համաձայնեցե՛ք,— պնդեցին:

---

[19] Արմենական կուսակցության — Հիմնադրվել է 1885-ին, Վանում: Անունն առել է Մկրտիչ Փորթուղալյանի «Արմենիա» թերթից, որ լույս էր տեսնում Մարսելում: Հիմնադրել են Մ. Փորթագալյանի աշակերտները:(Բոլոր ծանոթագրությունները Լևոն Հախվերդյաննին են, եթե չի նշված այլ հեղինակ:)

[20] Հնչակյան կուսակցության— Հիմնադրվել է 1887-ին, Ժնևում: Լրիվ անունն է՝ սոցիալ-դեմոկրատական Հնչակյան կուսակցություն: Տարածում է գտել Արևմտյան Հայաստանում, Ռուսաստանում, հայկական բոլոր գաղթավայրերում (որոնց մեջ գործում է մինչև այժմ):

Հենց այդ րոպեին խորհեցա բռնվելու դուրս շպրտել զրպանես ու տա՛նկ, տա՛նկ, տա՛նկ տալ անոնց ճակատին ու զետին փռել զիրենք որպեսզի համոզվին իրենց կյանքը զենքով պաշտպանելու հարկավորության մասին, բայց ինքզինքս զսպեցի։

Տեսնելով որ ուրիշ ճար չկա. ինձ մոտ հրավիրեցի մյուս կուսակցություններու ներկայացուցիչները և անկեղծորեն ու առանց հետին մտքերու, առաջարկեցի ժողովրդի պաշտպանության համար հարուստներեն զենքի դրամ հավաքելու համար համաձայնիլ։ Նոքա համամտություն հայտնեցին։ Ես այն ատեն իրենց ներկայացուցի հետևյալ անկեղծ ու օրինավոր պայմանները, իբրև հիմք կայացած համաձայնության.

Ա. Հանգանակության համար դիմում միասին պիտի ընենք։

Բ. Դրամը պիտի պահվի միմիայն մեր կուսակցության քով։

Գ. Հարկավոր զենքերը պիտի գնվին մեր միջոցով։

Դ. Հավաքված դրամով պիտի զինվին մեր մարտական խումբերը։

Է. Դրամներու գործածության հաշիվներու քոնթրոլը կը կատարվի և կըվավերացվի մեր կոմիտեի ձեռքով։

Վերջապես գործին ամբողջ բեռն ու ծանրությունը մեր կուսակցությունը իր վրա կ'առնե անձնվիրությամբ։ Իսկ իրենց կը տրվի բացարձակ ազատություն մարտական անջատ խումբեր կազմելու՝ իրենց նյութական միջոցներով։

Կը կարծեի որ ներկայացուցիչները խանդավառությամբ պիտի ընդունեին այս անկեղծ, անվերապահ և անշահախնդիր պայմանները, բայց, ընդհակառակը, նոքա ինձ մոտ եկած էին հետին մտքերով, նոքա կ'ուզեին ժողովրդի փրկության գործը վիժեցնել և ատոր համար առաջարկեցին անընդունելի, ապայուրդ և նվաստացուցիչ պայմաններ, որպես.

«Հավաքված դրամները հավասարապես բաժնվին կուսակցության միջև իրենց թիվին համեմատությամբ։

Ծախսված դրամներու մասին փոխադարձ քննթրոլ ըլլա։

Ինքնապաշտպանության համար ձեռք առնվելիք միջոցները որոշումին համաձայն խորհրդակցության»։

Եվ ուրիշ այդ կարգի հիմարական պահանջմունքներ, որոնք անպայման պետք էր մերժել։

Այսպես ուրեմն համաձայնության համար մեր անկեղծ ջանքերը ջուրը ինկան հիմար հետին միտքերու պատճառով և մեր ջոջ սպաները մերժեցին փող տալ իրենց կյանքի պահպանությանը համար։

Այն ատեն խորհեցա մի այլ միջոց որը կրնար ցնցող տպավորություն հառաջ բերել բովանդակ Վասպուրականի մեջ և եփ հանել դավաճան պուրժուաներու ցամքած արյունը։

Մի երեկո դիմեցի 96-ի ջարդերու կազմակերպիչ թուրք խուժանավար Համուտ Աղենց Հասանին և առաջարկեցի որ, եթե կարելի էր մի փոքր, այսպես ասած՝ մի աննշան ջարդ կազմակերպեր, սարսափ տալու համար հայ ջոջերուն։ Դա պիտի լիներ մի պարզ առողջապահական արյունառություն որ իբրև անհերքելի համոզիչ փաստ պիտի ծառայեր զենքի համար դրամ տալու հարկավորության մասին։

Համուտ Հասան սկզբունքով չհակառակեցավ այդ խորհուրդին՝ միայն թե դիտել տվավ թե ժամանակը հարմար չէր, թե դա կարելի էր իրագործել մարտ 31-ի օրերուն[21] և թե

---

[21] Մարտ 31-ի օրերուն — 1909 թ. մարտի 31-ը սուլթան Աբդուլ Համիդի գահընկեցության օրն է։ Սուլթան Համիդի փոխարեն գահ բարձրացավ Մահմեդ Ռեշատը՝ նրա կրտսեր եղբայրը։ «Աբդուլ Համիդին գահընկեց անելուց հետո երիտթուրքերը չսահմանափակվեցին կառավարության գործունեության վրա իրենց հսկողությունը հաստատելով, այլ իշխանութունն անմիջաբար առան իրենց ձեռքը։ Սակայն նրանք որոշեցին պահպանել միապետութունը՝ ձգտելով սուլթանի անունն օգտագործել իրենց դիրքերն ամրապնդելու նպատակներով» (Г. З. Алиев,

այժմ, ազատարար բանակի հաղթական մուտքեն և Ապտյուլ Համիտի գահընկեցութենեն ետքը, ինք չէր ուզեր մի այդպիսի պատասխանատվություն բերել իր վրա:

Այդ հայեցակետը ուներ իր փաստացի կողմերը. ուստի չկրցա շատ պնդել:

— Հարմար ատենին ես միշտ պատրաստ եմ գործելու,— եզրակացուց Համուտ Հասան, իրմե բաժնված միջոցիս:

Այսպես ուրեմն, զենքերու անունով փող հավաքելու ծրագիրը առ այժմ իրականություն չգտավ:

Բայց չպետք է հուսահատիլ, այլ սպասել հոգեբանական րոպեին:

Ի բաց առյալ այս ձախող պարագան, Վանի մեջ ներկա իրականությունը մխիթարական է. պայքարող գիտակից ուժեր կան որոնք կարելի է ի դեպ ժամու գործածել:

Այս մասին պետք եղածը արդեն կը խորհիմ:

Չպետք է որ տղերքը անգործության մեջ թմրեցնեն իրենց պայքարի եռանդը, դա կը լինի աղետավոր մահացում, ինքնագիտակցության փճացում:

Առ այժմ նյութական կացությունս բավարարություն կու տա ինձ:

Բ.

ՎԱՆ, 2 հուլիս, 1909

Սիրելի ընկերնե՛ր,

«Турция в период правления младотурков», М. 1972, էջ 147): Սրանով ավարտվեց երիտթուրքական Հեղափոխության երկրորդ շրջափուլը:

Ձեր հրահանգները ստացա. ինչպես կ'ըսեք՝ մի որոշ հոսանք ստեղծված է մեզ դեմ՝ և հարկ է կռվիլ, որպեսզի նա չստանա ընդհանուր հանգամանք: Նույնիսկ հոս, Վանի մեջ, ռեաքցիան մեզ դեմ կը ցցվի և կը փորձե պղտորել մտքերը: Իհարկե ես մեր ձեռքի տակ եղած ամեն միջոցներով պայքար կը մղեմ այդ աղետավոր հոսանքի դեմ:

Ի՞նչ է, մասնավորաբար, այդ կեղտոտ պուրժուաներու զանգատը մեզի դեմ.— թե մենք ո՛չ մի օգտակարություն ցույց չենք տվեր Սահմանադրության վերահաստատութենեն ի վեր և թե մեր բոլոր ջանքը եղեր է դրամ պահանջել և ազգային եկամուտներու տիրանալ:

Նոքա կարող չեն ըմբռնել այն փրկարար շարժումը որ առաջ բերինք ստեղծելով ներքին պայքարը և կազմելով ժողովրդային երկու որոշ և ընդդիմամարտ բանակներ, իրենց հատուկ հայեցակետներովը, ձգտումներովը,ծրագիրներովը և պահանջներովը և որոնց բախումեն պիտի ծնի հայկական նոր իրականությունը:

Այս միտքերը լավ տեղավորելու համար Վանի հայ խավարամիտ գլուխներու մեջ՝ մի հրապարակային ժողով գումարեցի այս օրերս, որ մի կատարյալ հաղթություն եղավ մեզի համար: Ժողովը բանալով նախապես հայտարարեցի թե մենք իբրև ազատ երկրի ազատ քաղաքացիներ և ազատ խոսքի ու ազատ կարծիքի ուխտված պաշտպաններ, բացարձակ ազատություն կուտանք ներկաներուն որ իրենց դիտողություններն ազատորեն ներկայացնեն և եթե ընդդիմախոսներ կան, համիին խոսք ուզել և բեմ բարձրանալ: Այս հայտարարությունը, որուն չէին սպասեր մեր հետադիմական պարոնները, բուռն ծափերով ողջունվեցավ:

Հետո պարզեցի մեր աշխարհահայացքը, ըսի թե հիմա ա՛լ ժամանակը եկած է որ հեղափոխությունը իր ուժն ու զորությունը դարձնե իր ներքին թշնամիներուն դեմ, հայ բռնավորներու դեմ, հայ համիտներու դեմ, որոնք են ժողովրդի արյունը քամող, ժողովուրդն իրենց ոտքերուն տակ ջախջախող, ժողովուրդը իբրև ստրուկ ծառայեցնող հայ հողատերը, հայ գործարանատերը, հայ կալվածատերը, հայ դրամատերը, հայ վաճառականը, հայ արհեստավորը, հայ, պաշտոնյան, հայ եկեղեցականը, հայ ապականված մտավորականությունը, հայ անգիտակից ուսուցչությունը, հայ ստրկամիտ մասսան: Ահա հայ հեղափոխությունը պետք է այժմ անոնց դեմ դարձնե իր զենքերը, պետք է անողոք ու կատաղի պայքար մղե այդ ներքին թշնամիներուն դեմ, մինչև որ վերջնականապես ժողովուրդի զարշապարներուն տակ ջախջախվին այդ վատերու և դավաճաններու անարգ զանկերը: Ամբողջ ժողովասրահը բուռն ծափահարություններով ընդունեց այս խոսքերը:

Հետո խոսքս վերջացուցի ըսելով որ մենք իբրև գիտակից գաղափարականներ, կը հարգենք ու կը պաշտենք խոսքի ու կարծիքի ազատությունը, և եթե ժողովասրահին մեջ ընդդիմախոսներ կան կրնան ազատորեն իրենց կարծիքը հայտնել և մենք հետո կրնանք փաստացի կերպով պատասխանել իրենց:

Մի անծանոթ պարոն խոսք ուզեց և մի հիմար սոփեստություն մեջտեղ նետեց և ըսավ որ մենք փոխանակ զիրար բզկտելու պետք է որ մեր ուժերը, եթե ունեինք, միացնեինք քուրտ հարստահարիչներու դեմ, որոնք կը շարունակեն կողոպտել հայ գյուղացին և սկսավ մի շարք դեպքեր հիշել նոր-նոր սպանված գյուղացիներու, բռնաբարված հայուհիներու և թալանված գյուղերու, որոնք վերջերս տեղի ունեցած էին Վասպուրականի մեջ:

Դա հայտնի փրովոքացիա էր թե՛ մեր ժողովը խանգարելու և թե՛ մեր հարևան քուրտ եղբայրներու միջև գոյացած համերաշխական կապերը թուլացնելու համար: Այդ հիմար պարոնը առաջ տանելով իր անտակտ խոսքերը և փրովոքացիան գոչեց.

— Փոխանակ իրարու մեջ կռվելու՝ գացե՛ք ձեր ուժն ու զորությունը անոնց ցույց տվեք:

Անմիջապես բեմ բարձրացա և այդ ստոր աժան փրովոկատորին պատասխանեցի՝ ըսելով որ իր խոսքերը պարզ դավաճանություններ և կեղտոտ մատնություններ էին և թե ինք պարզ գաղտնի ոստիկանի դեր կը կատարեր մատնանիշ ընելով դեպքեր որոնք մեզ զբաղեցնող հարցերու հետ ոևէ առնչություն չունեին և թե իրեն արարքը պատվաբեր քաղաքացիի գործ չէր:

Մեր ընկերները սկսան գոչել. «Դո՛ւրս վատերը, դո՛ւրս մատնիչ դավաճանները», և ահա բռունցքի հարվածները սկսան բարձրանալ ու իջնել ժողովրդի հայհոյիչի գլխին:

— Տղե՛րք, խփեցե՛ք՝ բայց մի սպանեք,— խրատեցի, զանոնք հանդարտեցնելու համար:

Երբ փրովոկատորը խայտառակաբար դուրս հանվեցավ ժողովասրահեն և ժողովրդին արդար զայրույթը խաղաղեցավ, կրկին բեմ բարձրացա և հայտարարեցի որ եթե ընդդիմախոսներ կային՝ ազատորեն ու անկաշկանդ իրենց կարծիքը կրնային հայտնել, որովհետև մենք չենք ուզեր ե ր բ ե ք արգիլել կարծիքի ու գաղափարներու ազատ փոխանակությունը: Ոչ ոք ձայն բարձրացուց, և ներկաները մեկնեցան տպավորիչ ազդեցության տակ:

Ես ներկա հայ իրականության հանդեպ պիտի շարունակեմ այս ուղղությամբ լուսաբանել ժողովուրդը, ինքնագիտակցությունը արթնցնել անոր մեջ և մղել զայն դեպի հեղափոխական մաքուր պայքարը, թեկուզ հարկ ըլլա դիմել ծայրահեղ միջոցներու:

Բայց որպեսզի պայքարը տա արդյունավոր բավարարություն, անհրաժեշտ է որ ձեր կողմեն ալ նույն ուղղությամբ գործեք թե՛ մեր օրկան– ներու միջոցով հրապարակային պրոփականտայով և թե մեր ընկերներու ուղղված մասնավոր հրահանգներով:

Չպետք է թույլ տալ որ հայ չեզոք կամ ո՛չ հեղափոխական տարրը, օգուտ քաղելով ազատութենեն, փորձե գլուխ բարձրացնել, պետք է խփել և ուժով խփել նորա գլխին, երբ դեռ ժամանակը չէ անցած: Վաղը կը լինի գուցե շատ ուշ:

Վասպուրականի հայությունը, այսինքն մեր շարքերուն մեջ գտնվող տղերքը, որոնք կը կազմեն գիտակից երիտասարդությունը, ունի պայքարող ոգի և հարկ է իր այս տրամադրութենեն օգտվիլ՝ ներկայացնելով անոր գործունեության ասպարեզ կամ, լավ ևս է ըսել, կռվանոց:

Հոս ունինք արդեն Ազատ սիրո հետևորդներ և Նոր սերնդական երիտասարդություն, որոնք իրենց աշխարհահայացքներով կարող են առաջնորդ ըլլալ նույն իսկ պոլսահայ ինկած մտավորականության: Իրենց մասին կը խոսիմ ավելի մանրամասնորեն հետագա նամակներով:

Յը...:

Գ.

ՎԱՆ, 2 օգոստոս, 1909

Սիրելի ընկերներ,

Ձեր վերջին գրությամբ կը պատվիրեք որ աշխատինք ամեն գնով բարձրացնելու մեր պրեստիժը որ մի կրիտիկական մոմենտ անցնելու վրա է:

Դա շա՛տ հեշտ է ասել և պատվիրել, բայց ի՞նչ միջոցով կարելի է բարձրացնել այդ պրեստիժը, ահա՛ բուն հարցը:

Ես այդ մասին ունիմ իմ որոշ հայեցակետը, որը անշուշտ համաձայն կու գա ձեր հայեցակետին:

Ներկա հայ իրականության մեջ մեր պրեսթիժը կը պահպանվի ու կը բարձրանա պայքարով ու մի՛ միայն պայքարով: Մեր կազմակերպությունը ծնվեր է պայքարի հրամայողական պահանջքեն և ապրեր ու զորացեր է պայքարով: Դա պատմական փաստ և իրողություն է և կարելի չէ ժխտել: Մեր պրեսթիժը թեքվեցավ այն օրեն՝ ուր խաղաղ գործունեության աղետալի փորձը ընել ուզեցինք: Կատուն որ չի ճանկեր ու կը փորձէ ետնի ոտքերուն վրա կենալ ու ձեռք լիզել, այլ նս կը դադրի կատու ըլլալե. նա ա՛լ կորցրած է իր պրեսթիժը մուկերու քով: Պետք է միշտ ճանկել, այդ է մեր պատմական, և կամ այսպես ասած՝ մեր ֆիզիոլոգիկական դերը հայ իրականության մեջ:

Ձեր հրահանգի համեմատ, ներփակ կը ղրկեմ Վանեն թվագրված մի հեռագիր որ բուռն թառերով համակրություն կը հայտնե մեզի ու միևնույն ատեն կը դատապարտե վատերը, դավաճանները, հետադիմականները, չերիաթճիները, վերջապես բոլոր անոնք որ մեզի հետ չեն: Հեռագիրը ստորագրված է չորս անուններով ի դիմաց 600-ի մոտ զիտակից երիտասարդներու: Եթե հարմար դատեք՝ կրնաք հեռագրին բառերը մի քիչ փոփոխելով հրատարակել իբրև Կտուցեն, Լիմեն, Ալիվրեն կամ Արճեշեն ուղղված, ի հարկե «ի դիմաց»-ներու թիվը զեղչելով: Գալով հեռագրի տակ դրվելիք անուններուն, դյուրության համար ձեզի ըսեմ որ այստեղացի հայերու սովորական անուններն են Վարդան, Մակար, Մարկոս, Դավիթ, Աբգար ևլն.:

Բայց նորեն կը կրկնեմ, դա մի անբավական palliatif[22] է մեր պրեսթիժի բարձրացման համար. պետք է բռնի համակրանք ստեղծել, սարսափ ձգելով միտքերու մեջ:

Ժողովուրդը պետք է մի րոպե դադրի մեզմով զբաղելե. պետք է միշտ լարված դրության մեջ ըլլա, թեկուզ այդ դրությունը մեզ դեմ լինի, հարկ է զայն տրորել, խռնջեցնել, ոգեսպառ ընել մինչև որ տեղի տա և ստիպվի դառնալ մեզ համակիր: Օրըստօրեական կռիվ, միշտ նո՛ր հուզում, միշտ նո՛ր պայքար, ահա՛ միակ դարմանը մի լավ բան հաջողցնելու համար այս դժբախտ ազգի մեջ:

---

[22] Palliatif — պալիատիվ, անվճռական, կիսատ-պռատ միջոցառում:

Ես այսպես կ'ըմբռնեմ մեր միսիան. այդ եղեր է ու պիտի ըլլա իմ ուղղությունը և՛ Ծապլվարի, և՛ Վանի մեջ։

Վանեն ուղղված իմ առաջին նամակիս մեջ պատմեցի այն համերաշխ գործունեության փրովոքացիան որ այստեղի մենծ աղայական դասակարգը ուզեց մեջտեղ հանել մութ նպատակներով։ Ըսի թե ինչպե՛ս մեր թռնած անկեղծ ու խոհական ընթացքով այդ փրովոքացիան չկրցավ հաջողիլ։

Այժմ նորանոր փորձեր կ'ըլլան, մութ ուժերու կողմէ, այդ համերաշխության էնթրիկը դարձյալ խաղալու համար, բայց մեր տղերքը արդեն լուսաբանված են և երկյուղ չկա թե թակարդը իյնան։

Կռիվի դաշտը ստեղծելու համար արդեն իսկ միջոցներ ձեռք առած եմ և կը հուսամ որ մոտ ժամանակ են մեր վրա խուճեցնելու առիթ պիտի տանք։

Վանի մտավորական զիտակից երիտասարդությունը որ կը ներկայացնե Նոր սերնդական և Ազատ-սերյան խմբակցությունները, արդեն իսկ տաք վերաբերում ցույց կուտան դեպի մեզ։

Մի քանի անգամ առիթ ունեցա իմ մոտ հրավիրելու այդ պայքարող ուժերը, զանոնք դնելու համար գործնական հողի վրա։ Իրենց բացատրեցի թե անհրաժեշտ է մի ցնցող իրականությամբ իրենց գոյությունը հաստատել, թե առանց պայքարի կարելի չէր գաղափարի հաղթություն, թե ժամը հասած էր ասպարեզ իջնելու։ Ամենքն ալ համոզվեցան իմ պարզած տեսություններուս և պատրաստակամություն հայտնեցին մի բան ընելու։

— Բայց ի՞նչ կարելի է ընել,— հարցուց իրենց վարիչ ուժեր են մեկը։

— Ընել մի ոսէ բան,— խրատեցի,— որ տա ցնցող տպավորություն, օրինակ մի գայթակղական արարք, մի scandale, վերջապես մի գործ, որ հուզում առաջ բերե ժողովրդի զանազան տարրերու մեջ։

Տղերք ըմբռնեցին թե ի՛նչ ըսել կ'ուզեի և խոստացան այդ ոգիով շարժիլ։

Իհարկե անոնք պիտի գործեն մեր հրամանով ու մեր

ուղղությամբ, բայց իրենց անհատական պատասխանատվության տակ: Մենք կը մնանք միշտ հեռու այդ տեսակ գործերե, մանավանդ երբ ատոնք անհաճո արդյունք առաջ բերեն, նույնիսկ ի հարկին կրնանք դատապարտել գործված արարքը, գործողներու սոսկական հանգամանքը ցույց տալ և ապացուցանել թե մեր հակառակորդներու թելադրանքով կատարված է ամեն բան: Փաստացի իրողություններ միշտ մեր ձեռքին տակ պատրաստ կան, այդ մասին միամիտ եղեք:

Այս առավոտ լուր բերին թե տղերքը արդեն պատրաստեր են մի շատ խելացի ծրագիր, այն է՝ գալ շաբաթ խմբովին երթալ եկեղեցի և հո՛ն կատարել մի քաղաքական ամուսնություն: Ազատ սիրո ակումբի նախագահը կը կատարե քաղաքապետի դեր, ես անհատական հանգամանքով պիտի գնամ իբրև վկա հարսին, փեսան ևս կ'ունենա իր վկան: Ամուսնությունը բռնի արձանագրել պիտի տանք եկեղեցու արձանագրության տոմարին մեջ: հետո մի քանի ժամ ետքը, հարսի պահանջմունքին վրա, այդ քաղաքական ամուսնությունը պիտի լուծենք և հարսը պիտի ամուսնացնենք մի ուրիշ տղամարդու հետ, նույն ձևակերպություններով:

Կ'երևակայե՞ք ցնցող տպավորությունը որ առաջ պիտի գա ամբողջ քաղաքին մեջ: Նախ՝ քաղաքական ամուսնություն եկեղեցու մեջ, հետո արձանագրություն, հետո ամուսնալուծություն կամ divorce [23] և վերջապես կրկնամուսնություն:

Տեսնենք ի՛նչ պիտի ընեն մեր կեղտոտ պուրժուաները և շերիաթճիները [24]՝ Վանի երիտասարդության այս էմանսիպացիայի ցույցերուն հանդեպ:

---

[23] Divorce— բաժանում, խզում:

[24] Շերիաթճի — շարիաթ. իսլամի կրոնական և իրավական կանոնների ամբողջութունը՝ քաղված ղուրանից: Այստեղ՝ պահպանողականութուն, ավանդապաշտություն:

Ապահով՝ պիտի դիմեն իրենց աղտոտ զենքերուն, բայց զգո՛ւյշ, մենք ալ թևերնիս ծալլած չենք նստիր…:

Դ.

ՎԱՆ, 4 սեպտեմբեր, 1909

Սիրելի ընկերներ,

Երևի մի ձախող շրջան կը բոլորենք: Նոր սերնդական ցույցը որու մասին նախորդ նամակովս խոսեցա, չտվավ բավարար արդյունք:

Մի քանի օր առաջ, երեքշաբթի, կեսօրեն ետքը, խմբովին գնացինք եկեղեցի, կատարելու համար անդրանիկ քաղաքական հայ ամուսնությունը, որուն պիտի հաջորդեր, մի քանի ժամ հետո, ամուսնաթողություն և կրկնամուսնություն: հարս և փեսա, իրենց քաղաքացիի տարազով, կը գնային առջևեն, հետո կուգային վկաները և ընկեր բարեկամները:

Եղելությունը պահված էր խիստ ծածուկ, որպեսզի մեր հակառակորդները չկարողանային իրենց մութ դավերը սարքել մեզի դեմ, այնպես որ փողոցը գրեթե ո՛չ ոք ուշադրություն դարձուց մեզ: Բայց երբ հասանք եկեղեցիի առաջ, տեսանք որ դուռը ամուր գոցված է: Դիմեցինք ժամկոչին, մի տգետ, հետադիմական արարած:

— Ինչո՞ւ եկեղեցիին դուռը փակած եք,— հարցուցի:

— Որովհետև ժամերգության ատեն չէ:

— Բայց մենք կը պահանջենք մտնել եկեղեցի:

— Ի՞նչ պիտի ընեք:

— Ամուսնություն պիտի կատարենք:

— Այսօր, երեքշաբթի, կարելի չէ ամուսնություն կատարել:

— Մենք կը կատարենք քաղաքական ամուսնություն, պարո՛ն,—պատասխանեցի:

Ժամկոչը ապուշ-ապուշ երեսս նայեցավ և ըսավ.

— Չեմ հասկնար թե ի՞նչ ըսել կ'ուզեք:

— Պետք չկա որ հասկնաս, միայն թե եկեղեցիի դռները բա՛ց շուտով:

— Չեմ կարող:

Դա խավարամիտ կղերականության non possimus-ն[25] էր որ կը ցցվեր հեղափոխական հոսանքի դիմաց:

Այսպես այդ դավաճան ու բռնավոր ժամկոչը, իբրև ազգային իշխանության ներկայացուցիչ իր հափշտակած դիրքեն օգտվելով, կ՛ուզեր ապօրեն կերպով փակել եկեղեցիին դռները ժողովրդի առջև, ա՛յն ժողովրդի որ օրինավոր տերն է եկեղեցիին: Իհարկե մեզ համար հեշտ էր այդ կեղեքիչ բռնավորի գանկը փշրել ժողովրդի զարշապարներուն տակ, բայց մենք ուզեցինք օրենքի ուժով կռվիլ ապօրինության դեմ:

— Ուրեմն քո վերջին խոսքդ ա՞յս է, դուռը չպիտի՛ բանաս,— պնդեցինք:

— Ես չեմ խառնվիր, տերտերը գտեք, ան գիտե,— պատասխանեց ապօրինության հիդրան և հեռացավ մեր քովեն, այսպես վատաբար մեզ մատնելով անել կացության:

— Տղե՛րք,— գոչեցի,— ժողովրդի դեմ սարքված այս անարգ դավաճանության դեմ՝ մենք պայքարինք օրենքի ուժով: Եվ քանի որ եկեղեցիի դռները ապօրեն կերպով կը փակեն ժողովրդի առջև, թո՛ղ ժողովուրդը պատուհաններեն ներս մտնե օրինավորապես:

Ընկերներեն մին անմիջապես սանդուխ մը ճարեց և ահա մեր կտրիճները մագլցեցան վեր. սակայն պատուհանը չէր բացվեր և հարկ եղավ ապակիները կոտրել, նախապես

[25] Non possimus — «չե՛նք կարող», անվերապահ մերժում:

հայտարարելէ վերջ թէ այդ ջախջախման պատասխանատուներն էին իշխանության գլուխ գտնվող մենծ-աղայականությունն ու կղերականությունը:

Բայց այս միջոցին հասած էին արդեն տերտերն ու լուսարարը, ժամկոչին մատնությամբ:

— Բա՛ց սա ժամուն դռները,— հրամայեց քահանան լուսարարին, տեսնելով զիտակից ուժերու կորովի ընթացքը:

Եվ ահա՛ քիչ հետո ժողովուրդը տեր դարձավ իր իրավունքին ու հարսնևորները գացին շարվեցան խորանին դիմաց: Նոր սերնդական այս ցույցը սակայն արդեն զարթուցեր էր ընդհանուր հետաքրքրություն և հետզհետէ կը հասնեին նորանոր մարդիկ: Հանկարծ մի աղաղակ բարձրացավ: Հարսի հայրն էր որ իր երկու զավակներով ու բարեկամներով ներս կը խուժեր և կուզար բռնի մեր ձեռքէն խլելու իր աղջիկը: Մեր տղերքը պատրաստվեցան կռիվի: Տեսա որ խնդիրը պիտի առներ տարբեր հանգամանք և գուցե մութ ուժերը հաղթող դուրս պիտի գային, ինչ որ շատ վատ տպավորություն պիտի գործեր:

— Պարոննե՛ր,— գոչեցի,— մենք լռենք և թո՛ղ օրենքը խոսի:

Հետո, քաղաքավարի կերպով մոտեցա հարսին հորը.

— Պարո՛ն,— ասացի,— խնդրեմ ինձ հայտնեցեք թէ դուք և ձեզ ընկերացողները ունի՞ք մասնավոր հրավիրագիր:

— Ի՞նչ հրավիրագիր,— հարցուց այդ տխմար պուրժուան:

— Այս ամուսնության ներկա գտնվելու համար:

Իր տված ժխտական պատասխանին վրա՛ ավելցուցի.

— Ուրեմն հաճեցե՛ք դուրս ելլել, որովհետև ըստ օրինի, հատուկ հրավեր ստացողները կրնանք միայն ներս ընդունիլ:

Բայց, ափսո՛ս, դոքա ո՛ւր, օրենքի հարգանքը ո՛ւր: Այդ կեղտոտ արարածը իմ այդ անհերքելի առարկությանս պատասխանեց մի շարք փողոցային խոսքերով ու գնաց թոնի աղջկան թևեն բռնեց և իր ընկերներու աջակցությամբ դուրս հանեց եկեղեցիեն, առանց բավարարություն տալու մեր օրինավոր պահանջմունքին:

Դա արդեն բռնավոր մենծ աղայականության սովորական հոգեբանությունն է:

Կ'ըմբռնեք անշուշտ որ առանց հարսի մի քիչ դժվար պիտի ըլլար քաղաքական ամուսնություն կատարել:

Մի նոր սերնդական առաջարկեց անձնվիրաբար որ հարսի դերը ինք կատարե, գաղափարի հաղթանակին համար:

— Ո՛չ,— պատասխանեցի,— մենք չպետք է շեղինք օրենքեն և օրինավորութենեն, թո՛ղ նոքա ապօրինություն ապօրինության վրա դիզեն մինչև որ անոնց տակը ի վերջո շնչասպառ ըլլան:

Եվ այսպես, ժողովը ցրվեցավ անորոշ արդյունքով:

Ինչպես կը տեսնեք ես հիմա որոշած եմ պայքարը մղել օրենքի անունով: Դա մի նոր տակտիկա է որ կուտա իր արդյունավորությունը մոտիկ ապագայի մեջ:

«Մենք օրէնքն ենք և մեզնե դուրս ամեն ինչ ապօրեն է»,— ահա այն ֆոռմյուլը որ կը ներարկեմ մեր գիտակից շարքերու միտքերուն մեջ:

Լավ է որ դուք ալ ձեր աշխարհահայացքը այս շավղի մեջ ուղղեք: Հանուն օրենքի երբ գործենք, կը մնանք անխոցելի: Օրենք, օրինավորություն, օրինական, այդ բառերը պետք է լավ զոց ընել տանք մեր շարքերուն:

Ե.

ՎԱՆ, 4 հոկտեմբեր, 1909

Սիրելի ընկերներ,

Երկու շաբաթե ի վեր Վան հասած է ընկեր Սարսափունի, որի հետ այժմ համախորհուրդ կ'աշխատինք ազգային վերածնության գործին:

Արդեն իսկ երեք օր առաջ, եկեղեցիին մեջ, կատարեցինք մեր առաջին դասախոսությունները: Ընկեր Սարսափունիի դասախոսության նյութն էր «Պոլիսը Գավառին դեմ»: Նա փաստացի կերպով ցույց տվավ թե Պոլիսի հայերը մի մութ դավաճանություն կը սարքեն գավառացի հայերը իրենց երկրեն դուրս հանելու և Արաբիո անապատներուն մեջ տեղափոխել տալու համար, թե նոքա այս նպատակով բանակցություններ կը կատարեն արդեն Ապտյուլ-Համիտի և Արաբ Իզզեթի և Սեիտ Իտրիսի հետ, թե նախկին պատրիարք Օրմանյան և Գաբրիել Նորատունկյան այս նպատակով դիմում բրած են ճարին և թե Պոլսո կաշառակեր հայ մամուլը այդ աղտոտ պայքարի համար փող է ստացել

Գերմանիո Վիլհելմ կայսրեն և Մարոքի Ապտյուլ-Ազիզ Սուլթանեն: Նա անհերքելի փաստերով բոլոր այդ դավաճանությունը լույս արևու պես ցույց տվավ իր դասախոսության մեջ և առաջարկեց ներկաներուն որ անմիջապես զինվին և ինքզինքնին պաշտպանէն պոլսահայտ– րուն դեմ:

— Քնելու ժամանակ չէ, գավառացինե՛ր,— գոչեց ընկեր Սարսափունի,— պետք է ոտքի կանգնել և այդ վատերուն անարգ գլուխները ջախջախել, չպետք է թույլ տալ որ այդ դավաճան պոլսահայերը ձեր օճախները քանդեն, ձեր վզերն ու ոտքերը շղթա անցընեն և՝ իբրև ստրուկ՝ ձեզ տանին ծախեն արաբ պետեվիներու... Անկցի՛ Պոլիսը, կեցցե՛ Գավառը:

Այս դասախոսությունը շատ ցնցող տպավորություն գործեց և մի փրկարար հակահոսանք ստեղծեց պոլսահայերու դեմ:

Հետո, ես բարձրացա բեմ և սկսա իմ դասախոսության, որի նյութն էր «Մարտ 31-ի Ճերիաթճիական շարժումը և հայ մենծ-աղայականության դերը»: Այս դասախոսությամբ ես պարզեցի սա ճշմարտությունը թե՝ Պոլսո հետադիմական շարժումը կատարված է հայ պուրժուաներու ձեռքով, թե մեր թուրք կամ քուրտ եղբայրները ոչ մի մասնակցություն չեն ունեցած նորա մեջ, թե հայ դավաճան հարուստներն են որ դրամական օգնություն ըրած են Շեյխ Վահտեթիի, որպեսզի նա կարող ըլլա «Վոլքան» թերթը հրատարակել, թե մարտ 31-ին Այա Սոֆիայի հրապարակը հավաքված փաթթոցավորներեն շատերը ծպտված հայեր էին, և թե վերջապես Թուրքիո ազգաբնակությանց մեջ միակ հետադիմական և համիտական տարրը հայերն կը բաղկանա, որոնց գլուխը հարկ է ջախջախել:

— Գավառացինե՛ր,— վերջացուցի խոսքս,— քանի՝ մի պոլսեցի հայ գոյություն ունենա աշխարհի երեսը, գավառացի հայը չի կրնար հանգիստ ապրիլ, պետք է կռվել, պետք է պայքարել, պետք է ջախջախել... Բուռն ծափահարությունները ցույց տվին թե Վասպուրականի հայությունը կ'արթըննար իր խոր քունեն և գիտակցաբար կը ճանչնար իր վատ թշնամիները:

Դասախոսությունները ավարտելէ ետք՝ ընկեր Սարասփունի առաջարկեց որ պայքարը գործնական հողի վրա դնելու համար գիտակից երիտասարդներն մի խումբ կազմվի «Գավառացի մարտախումբ» անունի տակ՝ կռվելու համար պոլսահայերու դեմ:

Ներկաներուն մեծ մասը իսկույն արձանագրվեցավ և միթինկը ցրվեցավ կատարյալ կարգապահությամբ:

Հարկ է ըսել որ Վանի մեջ առաջին հաջողությունն էր որ ձեռք բերինք այս դասախոսություններով: Բայց ընկեր Սարասփունի և ես խորհեցանք որ կիսկատար գործ մը պիտի ըլլար միմիայն գավառացին պոլսեցիին դեմ հանել, հարկ էր նաև մի ուրիշ փրկարար բաժանում, այն է՝

գիտակից կռւող ուժերը կանգնեցնել տեղացի մութ ուժերուն դեմ։

Ատոր համար դասախոսություններու մի նոր շարք հարկ էր սարքել և հիմա այդ բանին կ'աշխատինք։ Հուսալի է որ վերջապես կռիվը կը պայթի մոտ ատենեն վանեցի հայ հետադիմականներու և ազատականներու միջև։

Մեր պայքարը պիտի մղենք հավասարապես ընկերական, հասարակական, քաղաքական, տնտեսական, ընտանեկան, կուլտուրական, կրթական և աշխատավորական հողի վրա։

Վանի մեջ հայ հետադիմական տարրը որ մի քանի ամիս առաջ, երբ նոր հասած էի, գրեթե գոյություն չուներ, այժմ սկսած է կազմակերպվիլ։ Դա մի մխիթարական երևույթ է և կարելի է ըսել որ մենք ալ մեր բաժինը ունեցանք այս գործի մեջ։ Հետադիմական տարրը, այսպես ասած՝ իր գոյությունը չէր գիտեր, նա ինքզինքը կը համարեր հայ և միանգամայն ազատասեր սահմանադրական, մենք, առաջին անգամ, ցույց տվինք իր սխալմունքը և զինքը դրինք ուղիղ ճամբու մեջ։

Ինչպես ընկեր Սարաափունի շատ ճիշդ կերպով դիտել տվավ ինձ, մարտ 31-ի դեպքերը սա անգնահատելի օգուտը ունեցան որ ծնունդ տվին հայ հետադիմական և շերիաթճիական որոշ տիպին։ Մինչև այդ թվականը, հայտնի է որ այդ որոշ տիպը գոյություն չուներ։ Առաջին անգամ մեր Պոլսո ընկերները ստեղծեցին հետադիմական, հակասահմանադրական հայը, այդ անհրաժեշտ թշնամին որու դեմ պիտի կռվեինք։

Դժբախտաբար, որչափ որ իր գոյությունը բռնի ընդունիլ տվինք իրեն, դարձյալ հետադիմական տարրը կը ջանա ինքզինք ուրանալու, նա չունի քաղաքացիական առաքինություն իր հետադիմականի դիրքը պահպանելու։ Ատոր համար, հարկ է պայքարիլ անընդհատ, մինչև որ այդ տարրը ստիպվի ինքզինք հայտնել որոշապես։

Առջի օր, ընկեր Սարսափունիի հետ, գնացինք այցելել մի հայտնի ջոջ աղայի, Վարդան Սոսիկյանի: Դա մեզ հայտնեց ազատական գաղափարներ և նույնիսկ ըսավ թե ինք թունդ սահմանադրական է և պատրաստ է նույնիսկ իր կյանքն ու հարստությունը զոհել նոր ռեժիմի պահպանության համար:

— Ապտյուլ-Համիտը չէ՞ք ուզեր կրկին գահին վրա տեսնել,— հարցուց ընկեր Սարսափունի:

— Աստվա՛ծ չընե,— գոչեց Վարդան աղա ձեռքերը երկինք բարձրացնելով:

Եվ այդ մարդը՝ երևի՝ անկեղծ էր իր արտահայտությանը մեջ:

Պետք է գիտենալ որ Վարդան Սոսիկյան մի բացառություն չէ. այդ տեսակ anomalie–ներ [26] շատ կան Վանի մեջ: Մարդիկ որոնք մեր գիտակից շարքերեն չեն, բայց և այնպես ազատական ու սահմանադրասեր կը դավանին ինքզինքնին: Այդ տարօրինակ anomalie–ն շատ կը դժվարացնե մեր պայքարի գործը:

— Հարկ է վերջ տալ այս կացության,— վճռեց ընկեր Սարսափունի մեր այցելութենե վերադարձին, պետք է միանգամ ընդմիշտ հետադիմականը ըլլա հետադիմական և մենք՝ ազատական, ուրիշ կերպ կարելի չէ մի լավ բան ընել:

— Բայց ինչպե՞ս կարելի է այդ,— հարցուցի իրեն:

— Դա շատ պարզ է և այդ պիտի ըլլա իմ հառաջիկա դասախոսության նյութը:

Եվ սա խորունկ մտածումն հայտնեց.

«Գիտակից ազատական ուժերու կազմակերպութենեն ավելի ու անկե առաջ՝ հարկ անհրաժեշտ է կազմել և զորացնել հետադիմական տարրը»:

Ընկեր Սարսափունի մի դիալեկտիկական ցնցող ուժ է: Ափսո՛ս որ երկար չի մնար մեզ մոտ:

---

[26] Anomalie — անոմալիա. շեղում ընդունված կանոնից, օրինաչափության խախտում:

Ձ.

ՎԱՆ, 18 հոկտեմբեր, 1909

Միրելի ընկերնե՜ր,

Ինքնին մի անկարևոր դեպք, որը չունի հասարակական-դասակարգային հանգամանք, բավական հուզումի տեղի տվավ և դարձավ սկզբունքային հարց, շնորհիվ մեր ընկեր Սարսափունիի, որ լավ գիտե օգտվիլ ներկայացած ամեն առիթներե՝ մեր կուսակցության որոշ աշխարհահայացքները պարզելու և ժողովուրդը մղելու համար դեպի ինքնագիտակցություն: Դեպքը պատմեմ մի երկու բառով:

Վանի մեջ կա մի մանկապարտեզ ուր կը հաճախեն մեր ընկերներու մի քանիսին զավակները: Առնցմե մին, մի յոթը տարեկան մանչ՝ Կայծակ անուն՝ կը մերժե նստիլ իրեն տարեկից մի ուրիշ մանչու քով, առարկելով թե՝ գժտվել է նորա հետ մի ոնէ հարցի հետևանքով, և թե ինքը կը փափաքի իրեն գաղափարակից մի այլ տղու քով նստիլ:

— Ձեր ամենուն տեղը որոշված է և ձեր քմահաճույքին համեմատ կարելի չէ տեղերնիդ փոխել,— կը վճռե մանկապարտիզպանուհին, առանց ականջ կախելու Կայծակի արդարացի պատճառաբանություններուն:

Եվ կը ստիպե տղան որ երթա իր նախկին տեղը նստի: Կայծակ կ'ընդդիմանա: Այն ատեն մանկապարտիզպանուհին կը փորձե մանչուն թևեն քաշելով՝ տանիլ իր նստարանը: Կայծակ իր վրա ի գործ դրված այդ բռնի ուժեն ա՜լ ավելի, ըմբոստացած՝ կը հաջողի գրասեղանին վրա դրված մելանի ամանը առնել և զայն նետել դահիճ վարժուհիի քթին բերնին:

Եվ ահա՛ ինքնապաշտպանության այս պարզ արարքին համար՝ Կայծակ տնտեսին միջոցով իր տունը կը դրկվի և միննույն ատեն լուր կը տրվի ծնողքին որ այլևս իրենց զավակը դպրոց չտանին:

Նույն իրիկունն իսկ իրողությունը մեզ պատմեց տղուն հայրը որ մեր գործոն շարքերեն մի լավ ընկեր է:

Ընկեր Սարասփունի որ ուշադրությամբ կը հետևեր պատմության՝ ըսավ.

— Չպետք է այդ պայքարի մեջեն Կայծակ պարտված դուրս գա... դա կը լինի մի նախատինք անկախ մտածումի և ինքնավար կամքի դեմ: Պետք է ուժ տալ ըմբոստացումի ոգիին, որուն վրա հիմնված է բո՛ւն հեղափոխությունը:

Եվ նա պարզեց իր տեսությունը թե՝ մանուկներու մեջ ըմբոստ ոգիի զորացումը միակ միջոցն է ապագայի համար կռվող ուժեր պատրաստելու:

— Իցի՛վ թե նորա ընթացքը ունենար իր հետևորդները մանկապարտեզի մեջ,— եզրակացուց ընկեր Սարասփունի:

Եվ որոշեցինք հետևյալ օր միասին երթալ մանկապարտեզ, մեր հետ առնելով նաև տղուն հայրը:

Մանկապարտիզպանուհին քաղաքավարի կերպով ընդունեց մեզ և առաջնորդեց մանուկներուն քով, որոնք թղթի կտորներով խաղալիքներ շինելու զբաղած էին:

Ընկեր Սարասփունի անմիջապես բարձրացավ վարժուհիի սահմանված բեմը և մի տպավորիչ դասախոսություն ըրավ երախաներուն: Նա ըսավ թե ըմբոստացումի ոգին մի զորավոր ֆակտոր է մարդկային հեղափոխության մեջ և երբ այդ ոգին կը հայտնվի բո՛ւն իսկ մանկության հասակին՝ ցույց կու տա թե նա արտաքին ազդեցության արդյունք չէ՛, այլ մի բնազդական դրդում: Նա վեր առավ ըմբոստացումի և ընդվզումի երևույթները, որ դարերու ընթացքին եղել են միա՛կ ուժը դեպի ազատագրում, դեպի պայքար, դեպի կռիվ և հիշեց փոքրիկն Կայծակի անունը՝ իբրև մի սփոփեցուցիչ երևույթ հայ իրականության մեջ:

Երախայքը խորին ուշադրությամբ մտիկ ըրին այս դասախոսությունը և ի նշան համակրության երգեցին՝

Ծափիկ-ծափիկ, ծիրանի

Կարմիր խնձոր կը նմանի

երգը: Հետո, ես և ընկեր Սարսափունի հրամայողական պահանջք դրինք վարժուհիին վրա, ներում խնդրելու Կայծակեն և զայն կրկին հրավիրելով մանկապարտեզ, բավարարություն տալու իր արդար բողոքներուն:

Վարժուհին բացարձակ մերժեց:

— Գնա՛նք ուրեմն, բայց գիտցեք որ տարբեր հողի վրա կրկին կը տեսնվինք միասին,— պատասխանեց ընկեր Սարսափունի:

Վերադառնալով մեր բնակարանը, անմիջապես պատրաստեցինք մի manifeste, ուղղված առհասարակ բոլոր դպրոցականներուն, որով կը հրավիրեինք զիրենք գալ կիրակի օր եկեղեցի, ուր պիտի կայանար հսկայական միթինկ բողոքելու համար անձնիշխանության, ազատ կամքի և ինքնագիտակից ըմբոստացումի զոհ փոքրիկն Կայծակի դպրոցեն արտաքսվելուն դեմ: Մի երկրորդ կոչ ուղղեցինք նաև մեր գիտակից շարքերուն՝ անպայման ներկա գտնվելու համար այդ միթինկին, որը կը կայանար մի միայն գաղափարային անկախ հողի վերա:

Այստեղ պատահեց մի շատ անհաճո պարագա: Կոչը բաժնելու համար հանձնեցինք մեր ընկերներեն պ. Սեդրակի և ահա իմացանք որ նա տարեր է հրավերը մեր բոլոր ընկերներուն, ի բաց առյալ պ. Վարդանը որ Այգեստանի կողմը կը բնակի: Նա եկավ մեզ մոտ բողոքելու համար այդ զանցառության դեմ: Անմիջապես ձեռնարկեցինք քննության և ստուգեցինք թե իրողությունը ճիշտ էր և թե ընկեր Սեդրակ չէր ուզած կոչը տանիլ ընկեր Վարդանի, որովհետև մի քանի օր առաջ անոր հետ ունեցած էր մի անհատական վեճ:

Դա ակնհայտնի և աններելի թերացում էր տիհիպլինայի: Ընկեր Սարսափունի սաստիկ զայրացած՝

իսկույն գումարեց ընկերային ատյան, որպեսզի տան հանցավորին արժանավոր պատիժը:

Նա երկար բացատրեց թե՝ որքա՛ն հրամայողական պահանջք է, մեր կուսակցության համար, անպայման հարգանք դեպի տիսիպլինան որ կը կազմէ հեղափոխական կազմակերպություններու հիմնական ուժը և թե ի՛նչ ծանր ոճիր է մի ընկերի համար անհատական հանգամանք ունեցող մի խնդրի առթիվ, ոտնակոխ ընել տիսիպլինան:

— Անհատականությունը պետք է սրթվի ու ջնջվի հավաքական որոշումի դիմաց, եզրակացուց ընկեր Սարսափունի, առանց անոր կարելի չէ

ո՛չ հեղափոխության,
ո՛չ կռիվ,
ո՛չ պայքար,
ո՛չ ազատագրում:

Հետևաբար նա առաջարկեց ամենախիստ պատիժ՝ ըմբոստ ընկերի դեմ:

Ընկերական ատյանը կը գումարէ նոր նիստ և կու տա իր արդար պատիժը մոտ օրեն:

Ես կրկին կը դառնամ այս խնդրի շուրջ որ ունի լուրջ կարևորություն մեզի համար: Տիսիպլինան մահու և կենաց հարց է մի կուսակցության համար և չպետք է տկար գտնվիլ անսաստողներու հանդեպ:

Կը տեղեկացնեմ ձեզ նաև մեծ միթինկի մասին:

Մենք համոզված ենք որ չպետք է խեղդել ըմբոստացումի ոգին մատաղ սերունդի մեջ: Դա կը լինի բացարձակ ոճրագործություն:

Է.

ՎԱՆ, 6 նոյեմբեր, 1910

Սիրելի ընկերներ,

Մեր գործունեությունը Վանի մեջ սկսած է տալ վճռական որոշ արդյունք։

Մեր ընկերոջ զավկին՝ փոքրիկ Կայծակի՝ մանկապարտեզէն արտաքսումը և այս առթիվ մեր բողոքի բուռն պայքարը, որուն մանրամասնությունները ավելորդ է գրել, վերջապես առաջ բերին վարժուհիի հրաժարականը և մանկապարտեզի փակումը։ Դա Վասպուրականի մեջ մեր առաջին շոշափելի հաղթանակն էր մտավորական-կուլտուրական հողի վրա և շատ նպաստեց մեր վտանգված պրեստիժի բարձրացումին։ Մյուս դպրոցներու ուսուցիչները, որոնք մինչև այսօր ցուրտ վերաբերում ունեին դեպի մեզ, այժմ սկսած են մեզ մոտենալ, զգալով մեր զորությունը։

Մենք, կրթական հողի վրա, պայքարն առաջ կը տանինք նույն բուռն եռանդով և, եթե հարկ ըլլա, կը ջանանք փակել բոլոր դպրոցները, մեր հայեցակետի համեմատ առաջ վարելու համար կուլտուրական գործը, ուրկէ կախված է մեր ամբողջ ապագա սերունդի պատրաստությունը։

Մեր մյուս հաղթանակը կատարվեցավ տնտեսական հողի վրա, իբրև անդրանիկ քայլ դեպի գործավորական ազատագրում։ Ահա՛ իրողությունը։

Մի քանի շաբաթ առաջ ես և ընկեր Սարսափունի գնացինք այցելել Մակար Մրկոյանի ջուլհակի գործարանը, որու մեջ կ'աշխատին 18-ի չափ հայ բանվորուհիներ։ Ընկեր Սարսափունի հետաքրքրվեցավ այդ բանվորուհիներու կացությամբը և զանազան հարցումներ ըրավ ընկերվարական հողի վրա։

Նորա օրական 12 ժամ աշխատության փոխարեն կը ստանային միմիայն 2 ղրշ.։ Այս հայտնությունը պարզապես ընդվզեցուցիչ էր։

— Չպետք է թողուլ այս բանվորուհիները անխիղճ գործարանատիրոջ ձեռքին տակ, որպեսզի այսպես շահագործե զանոնք,— վճռեց ընկեր Սարսափունի.—

գործունեության պատրաստ հող կա այստեղ, պետք է օգուտ քաղել:

Եվ անմիջապես այդ բանվորներու գլխավորները հրավիրեցինք մեր մոտ:

Հոն ընկեր Սարսափունի մի ընդհանուր տեսություն ըրավ սալարիայի (օրավարձ) մասին, հիշեց քափիթալիզմի ճնշող լուծը պրոլետարիայի վրա և բանվորական մասսաներու իրավունքները: Նա ըսավ թե նմանօրինակ աշխատություններու համար, օրական ութ ժամի փոխարեն, բանվորուհիներ Ամերիկայի մեջ կը ստանան մեկ տոլար, Անգլիայի մեջ 4 շիլին, իսկ Ֆրանսայի մեջ 5 ֆր., այսինքն՝ իրենց օրավարձքի տասնապատիկեն ավելի:

Վերջապես եզրակացուց թե աշխատանքի նվազում և օրականի հավելում պահանջելու համար անհրաժեշտ էր ընդհանուր գործադուլ:

Հետո ես խոսեցա նույն իմաստով և շեշտեցի անմիջական գործադուլի պետքը:

Բանվորուհիները համոզվեցան երբ մանավանդ վստահեցուցինք զիրենք թե մենք ամեն կերպով պիտի օժանդակեինք իրենց և թույլ չպիտի տայինք որ նոքա ջախջախվեին ամբարտավան և անխիղճ քափիթալիզմի լուծին տակ: Եվ մեկնեցան մեր քովեն՝ խոստանալով երթալ իրենց ընկերուհիներն ալ համոզել:

— Եթե գտնվին՝ որոնք մերժեն ձեզի միանալ՝ սպառնացե՛ք նրանց մեր անունով,— արտոնեց ընկեր Սարսափունի:

Հետևյալ օր ջուլհակի գործարանը ոչ մի բանվորուհի ներկայացավ աշխատության ժամուն:

Գործարանատեր Մակար Մրկոյան, որ իմացած էր մեր այցելությունը և բանվորուհիներու հետ մեր խորհրդակցությունը, աճապարեց մեր մոտ: Նա մատնված էր անտանելի նեղ դրության այդ գործադուլի պատճառով: Ամբողջ մի քանի ամիսներե ի վեր նա՝ երևի մի մեծ ապսպրանքի պատրաստությամբ կը զբաղեր: Քաղաքի թուրք երևելիներեն միույն զավակի ամուսնության առթիվ հարսանեկան իրեղեններ պատրաստելու վրա էր:

— Հիսուն-վաթսուն ոսկիի գործ է,— բացատրեց մեզ, և ես պայմանավորված եմ ո՛չ մի կանխավճար չառնել ամբողջ գործը չհանձնած: Արդ, ապսպրանքը պետք է հանձնվի հարսնիքեն գոնե մի քանի օր առաջ, այսինքն առ առավելն տասը օրեն, եթե ո՛չ ես կը զրկվիմ իմ առնելիքես, քանի որ այդպես պայման դրած ենք, և ես ամիսներն ի վեր այդ ապսպրանքը պատրաստելու համար ստիպվեր եմ վաշխով դրամ վերցնել,— որովհետև դրամ չունիմ: Կաղաչեմ հրաման տվեք բանվորուհիներուն որ իրենց աշխատությունը շարունակեն:

— Մենք ձեր նյութական նեղություններով կարիք չունինք զբաղվելու,— պատասխանեցի,— մենք կ՛ուզենք պաշտպանել ընկճված բանվոր դասակարգի իրավունքները և քափիթալիզմի բռնակալության դեմ՝ բարձրացնել միջազգային գործավորական դասակարգի դաշնակցությունը:

Կեղտոտ գործարանատերը տեսավ որ հեշտ չէր մեզ խաբել, ուստի ուզեց համաձայնության մը գալ:

— Ի՞նչ է ձեր պահանջումը,— հարցուց:

— Նախ՝ պետք է ընդունիլ Երեք ութերը,— մեջ մտավ ընկեր Սարսափունի:

— Երեք ութե՞րը,— ըսավ Մակար աչքերը բացած:

Հարկ եղավ այդ կեղեքիչ բորենիին բացատրություն տալ:

— Ութ ժամ աշխատանք, ութ ժամ հանգիստ, ութ ժամ քուն, ահա գործավորի առաջին իրավունքը:

— Լա՛վ թող զան և ութ ժամ միայն աշխատին, սա գործը հասցնենք:

— Հետո,— շարունակեց ընկեր Սարսափունի,— օրականի հավելում:

— Ո՞րչափ:

— Առնվազն հինգ դրուշ:

— Բայց անկարելի է այդքան օրական վճարել Վանի մեջ:

— Ուրեմն գործադուլը կը շարունակվի անպայման:

— Կ'աղաչեմ, զիս պիտի կործանեք, պիտի փճացնեք,— կը բղավեր բանվորուհիներու արյունը ծծող այդ անհագ տզրուկը:

— Հարցը քո վերա չէ՝ այլ բանվոր դասակարգի շահերուն վերա,— շեշտեց ընկեր Սարսափունի:

Բավական վարանումներե ետքը Մակար Մրկոյան հավանեցավ հինգ ղրուշ օրական տալ: Նորա միտքը շատ պարզ էր, կ'ուզեր ապսպրանքները անպատճառ օրին ավարտել ու ասոր համար կը հավաներ մեր պայմաններուն, բայց հայտնի էր, որ գործը լմննալե վերջը իր խոստումը չպիտի հարգեր:

Մենք իսկույն գուշակեցինք իր հետին միտքը:

— Հինգ ղրուշ օրական կը հաշվվի ներկա գործի սկսելեն, և ըստ այնմ կը վճարվի բանվորուհիներուն,— պնդեց ընկեր Սարսափունի:

— Բայց այն ատեն ես այդ գործեն ո՛չ թե դրամ չեմ շահիր, այլ բոլորովին կը կործանիմ:

— Դա տարբեր հարց է,— վճռեց մեր ընկերը:

Վերջապես կարելի չեղավ այդ կեղծ աղվեսը համոզել:

— Հինգ ղրուշ օրական կու տամ վաղվընե սկսյալ,— պնդեց:

— Ուրեմն գործադուլը կը շարունակվի:

Եվ նա հեռացավ հուսահատ տրամադրության տակ:

Այսօր գործադուլի յոթներորդ օրն է: Տեսնենք ինչպե՞ս կը վերջանա ընկերական այս մեծ ցույցը, որը ամբողջ քաղաքին մեջ օրվան խնդիր դարձած է:

Ը.

ՎԱՆ, 30 նոյեմբեր, 1910

Սիրելի ընկերներ,

Ջուլհակի աշխատանոցի բանվորուհիներու գործադուլը, որու մասին խոսեցա նախորդ նամակիս մեջ, մի շատ տարօրինակ արդյունք տվավ, որը սակայն մխիթարական է մեզի համար և նպաստավոր մեր պրեսթիժի բարձրացումին:

Գործարանատեր Մակար Մրկոյան երբ տեսավ որ մենք հաստատ կեցած ենք մեր հայեցակետին վրա և շահագործվող բանվորուհիներու պաշտպանությունը ձեռք առած, առանց իր խաբեբայական զիջումներուն և աղաչանքներուն ականջ կախելու՝ փորձեց ուրիշ բանվորուհիներ գտնել գործը շարունակելու համար: Այն ատեն հարկ եղավ պայքարը առաջ տանիլ տարբեր միջոցներով:

Մեր գործոն շարքերը հրահանգ ստացան ամեն գնով արգիլել ջուլհակուրուհի աշխատություններու վերսկսումը և երթալով գործատան մոտերը, թույլ չտվին ո՛չ մի բանվորուհիի որ ներս մտնե: Մեր այս ուղղակի և գրեթե բռնի ուժով միջամտությունը պրոլետարիայի պաշտպանության համար, առաջ բերավ խանդավառ ոգևորություն մեր ընկերներու մեջ, մինչդեռ հարստահարիչ պուրժուազիան սարսափահար կը նկատեր իր դարավոր բռնակալության դեմ ցցվող այս նոր ուժը:

Իսկ գործադուլ ընող բանվորուհիներու դրությունը շատ ողորմելի էր: Նոքա չունեին ո՛չ նյութական կարողություն և ո՛չ ալ բարոյական կորով՝ դիմադրելու համար առժամյա զրկանքներու և պատրաստակամություն կը հայտնեին երթալ գործի սկսելու, նախկին օրականով, ինչ որ պիտի ըլլար մեր պրեսթիժի համար աղետավոր հարված:

Գործադուլի տասներորդ օրը երբ նորքա եկան մեզ մոտ և հայտարարեցին թե՝ իրենք որոշած են հետևյալ օրը գործի սկսելու ընկեր Սարսափունի՝ բուռն բարկությամբ՝ իրենց վատությունը երեսնուն զարկավ:

— Բայց անոթի կը մեռնինք այսպես,— կ'ըսեին բանվորուհիները:

— Թեկուզ անոթի մեռնիք՝ պետք է դիմադրել,— վճռեց ընկեր Սարսափունի.— մինչև որ այսօր անոթի չմեռնիք՝ չեք կրնար վաղը լավ կշտանալ: Մենք կ'ուզենք ձեզ ստրուկ բանվորի շղթաներեն փրկել և գործարանատերի վիճակին բարձրացնել և դուք կը համարձակիք դժգոհություն հայտնելու, դա զիտակից բանվորուհիի անարժան արարք է:

— Բայց զոնե մեզի դրամական նպաստ մը ըրեք գործադուլի միջոցին,— առարկեց բանվորուհիներու գլխավորը:

— Մենք զաղափարային հողի վրա կը գործենք,— դիտել տվի ես,— և մեր օգնությունն ու պաշտպանությունը բարոյական, մտավորական, կուլտուրական, ֆիզիքական է, բայց բնա՛վ երբեք դրամական:

Նոքա մեկնեցան լարված դրության մեջ: Հետո իմացանք որ երկու օր ետքը կը դիմեն աշխատանց գործի սկսելու տրամադրությամբ և ահա՛ փակ կը գտնեն ջուլհակի գործատան դուռը: Մի՞թե իր կողմե Մակար Մրկոյան lock out[27] հռչակած էր բանվորուհիներու դեմ: Ո՛չ բնավ: Այլ պատահեր էր մի ուրիշ խիստ հատկանշական դեպք:

Այն թուրք բեկը որ իր զավակի ամուսնության առթիվ ապսպրանքներ էր ըրեր գործարանատիրոջ, տեսնելով թե որոշված պայմանաժամին սա գործերը կարող չէ եղած հանձնել, բողոքեր և հայտարարեր է որ այլևս բնավ

[27] Lock out — բանվոր դասակարգին ճնշելու այն միջոցը, երբ գործարանատերը դադարեցնում է արտադրությունը՝ ստիպելով, որ բանվորները հրաժարվեն իրենց պահանջներից և համաձայնեն աշխատելու ավելի վատ պայմաններով:

չ'ընդունիր ունէ ապսպրանք և թե կը մերժե ունէ փող վճարել։

Բեկի այս արդարացի որոշումը հասեր է այն վաշխառուի ականջին որ փոխ տված էր Մակարի, հույս դնելով անոր պատրաստած գործին վրա և նա անմիջապես կառավարության միջոցով արգելքի տակ առեր է, իր պահանջքին փոխարեն՝ ջուլհակի աշխատանոցը և հոն գտնվող գործիքները։

Այսպես ուրեմն՝ անխիղճ քափիթալիսթը ինքն իր կարգին զոհ է դարձեր մի ուրիշ ա՛լ ավելի անխիղճ քափիթալիսթի ձեռք։

Մակարի կացությունը այնչա՛փ վատթարացավ, որ նա այժմ ստիպված է երեք ղրուշ օրականով աշխատիլ մի ուրիշի ջուլհականոցը, իբրև պարզ գործավոր։

Ընկերային ու դասակարգային ապազա մեծ կատակլիսմայի[28] մի մանրանկարը կարելի է համարել այս երևույթը։

Գալով գործադուլ ըրող բանվորուհիներուն՝ ափսո՛ս որ նոքա չկրցան բավարարություն ստանալ։ Իրենցմե մի քանիսը հազիվ կարողացան ուրիշ գործարաններու մեջ գործ գտնել օրական մեկ ղրուշով՝ ինչ որ տեղական ապրուստի պայմաններու հետ բաղդատմամբ բավականաչափ միջոց է ապրելու։ Մի քանիսը հեռացան քաղաքեն՝ մոտակա գյուղերու մեջ աշխատանք գտնելու հույսով։ Իսկ մեկ քանին դեռ պարապ կը պտըտին։

Այս վերջինները մեզի շատ նեղություն կը պատճառեն։ Գրեթե ամեն օր կու գան մեզ մոտ և իրենց թշվառության պատճառը մեզ կը համարեն։

Ի զո՛ւր ես և ընկեր Սարաափունի կը ջանանք Կարլ Մարքսեն, Բակունինեն, Կրապոտկինեն, Հեգելեն, Լասալեն, Բեբելեն փաստացի օրինակներ բերել ապացուցանելու համար թե՝ իրենց թշվառության և անգործության պատճառը պետք է փնտռել ընկերային արդի կազմին մեջ,

[28] Կատակլիսմա — կատակլիզմ. կտրուկ, աղետաբեր շրջադարձ։

քափիթալիզմի բռնակալության և տիրող փոքրամասն տարրերու դարավոր կեղեքումին մեջ և թե ներկա դրությունը ջնջելու միակ միջոցն է բոլոր աշխարհի գործավորներու ընդհանուր միությունը բոլոր աշխարհի գործարանատերերուն դեմ:

— Հիմակվան մեր վիճակին ճար մը մտածեցե՛ք,— կը կրկնեն այդ կիները ամեն անգամ որ իրենց կը բացատրենք ընկերվարական սկզբունքները, որոնցմե կախված է իրենց փրկությունը:

Տեսնելով որ միջոց չկա իրենց ձեռքեն ազատելու, ընկեր Սարսափունի, մի քանի օր առաջ, երբ կրկին եկան մեր մոտ, հետևյալ վճռական պատասխանը տվավ.

— Մենք բացարձակապես ոչինչ կրնանք ընել ձեզ համար, միայն կ'աշխատինք ձեզ մտցնել Միջազգային գործավորական ընկերակցության Գալիֆոռնիո մասնաճյուղին մեջ, ուր մեր ընկերները կը գտնվին՝ իբրև պատվո անդամակցուհի:

— Բայց ի՞նչ օգուտ պիտի քաղենք այդ անդամակցութենեն,— հարցուցին բանվորուհիները մի քիչ սիրտ առած:

— Հավանորեն, երբ ձեր գործադուլը և ներկա վիճակը պարզենք իրենց,— առաջ տարավ ընկեր Սարսափունի,— Միջազգային գործավորական ընկերակցության Գալիֆոռնիո մասնաճյուղի բյուրոն իր եղբայրական համակրանքը հայտնող մի գրություն կ'ուղղե ձեզ, որ միանգամայն մի մտրակող դատապարտություն կ'ըլլա բոլոր աշխարհի քափիթալիսթներու համար:

Նոքա չպատասխանեցին և մեկնեցան դժգոհ տպավորության տակ:

Այսպես ուրեմն ջուլհակարանի գործադուլը մեզի համար եղավ մի ահագին հաղթություն գաղափարային հողի վրա:

Դա նախաքայլն է տակավին:

Թ.

ՎԱՆ, 20 դեկտեմբեր, 1910

Սիրելի ընկերներ,

Ափսո՜ս որ հակառակ մեր անձնազոհության, մեր պրոպականդային, մեր հեղափոխական անկեղծ գործունեության՝ տակավին այս ապերախտ ժողովուրդը չ'ուզեր ճանչնալ իր ճշմարիտ բարեկամները, և մի տեսակ թշնամական վերաբերմունք ցույց կու տա մեզի հանդեպ:

Պոլսո մեջ սկսած հակահեղափոխական հոսանքը հոս ալ սկսած է իր ազդեցությունը ունենալ:

Մարդիկ՝ որ իբրև փրկիչներ, իբրև գերմարդկային էակներ մեզ կը պաշտեին, որ մեր ամեն խոսքերն ու գործքերը անվերապահ հիացումով կ'ընդունեին, այժմ սկսած են ինքզինքնուն ներել քննադատություններ անելու, մեզի հետ վիճելու, մեզի դեմ ելլելու:

— Մի լավ ջարդ նրանց կը զգաստացնի,— կ'ըսեր անցած օր ընկեր Մարսափունի դառնությամբ:

Դա, բնական է, մի քիչ չափազանցություն է և վայրկենական տպավորության արդյունք, բայց հարկ է ընդունիլ որ նա իրավո՛ւնք էլ ուներ այդպես սաելու:

Քաղաքային ամունական, ազատ կենակցության համար մեր բոլոր ջանքերն ու դասախոսությունները, դպրոցական հարցի ու գործադուլի համար մեր բոլոր գործունեությունը փոխանակ բավարար արդյունք տալու, մեզ դեմ գրգռեցին ամբողջ Վանի հայությունը, և այժմ մեզ կ'ամբաստանեն իբրև խառնակիչ, խռովարար, իբրև տնտեսական և բարոյական քայքայում հառաջ բերող մի աղետաբեր տարր, մինչդեռ մեր նպատակն է վերականգնել կործանված հայրենիքը, տալով անոր արդի պահանջքներու համաձայն՝ կազմակերպություն:

Մակար Մրկոյանի պարագան որ գործարանատերի վիճակեն վերածվեցավ պարզ բանվորի՝ ցնցող տպավորություն գործեց ամբողջ մյուս ջուլհակի հայ գործարանատերերու վրա, որոնք այժմ կ'ուզեն իրենց բանվորուհիներով օրականը նվազեցնել՝ որպեսզի անոնց աչքը վախցնեն և գործադուլի սպառնալիքներեն ազատին:

Մի բանվորուհի որ դիպվածով մեզի հետ խոսակցած էր, հետևյալ օրն իսկ իր գործարանեն վռնտվեցավ այդ ոճիրի համար:

Թվականես մի շաբաթ առաջ ընկեր Սարսափունի դպրոցի սրահին մեջ մի դասախոսություն տվավ «Պրոլետարիատ մասսաներու կոլեկտիվիստական էվոլյուցիա»–ի մասին: Սրահը լիքն էր մի միայն մեր ընկերներով, բացի անոնցմե, ո՛չ մի վանեցի համարձակած էր ներկա գտնվիլ այս շինարար դասախոսության, իր վրա չիրավիրելու համար հետադիմական տարրերու թշնամությունը:

Իհարկե նոր սերունդին մեջ ունինք մեզ համակիր զանգվածներ, մասնավորաբար մանկապարտեզի և նախակրթարանի աշակերտներու մեջ, բայց անոնք ալ այս միջոցին ավելի ձյունագնդակ խաղալով զբաղված են քան թե մեր ընկերվարական թեորիաներով:

Եվ ցավալի է որ նույնիսկ դպրոցականներու մեջ մի հակահոսանք սկսած է մեզի դեմ, ուղղակի ծնողքներու ազդեցության տակ: Անոնք փոխանակ իրենց զավակները ըմբոստացումի մղելու, կը ջանան հնազանդության մեջ պահել, մեռցնելով անոնց քով հեղափոխական ոգին: Արդեն տարբեր բան կարելի չէ սպասել այդ ստրկամիտ արարածներեն: Շատ ճիշդ կը խոսի ընկեր Սարսափունի երբ հաճախ կը գրե.

— Տաճկահայի քով հեղափոխական տեմպերամենտը (խառնվածք) կը պակսի:

Ահա այդ տեմպերամենտը ստեղծելու համար պետք է շարունակական պայքար մղել: Եվ ասոր համար հարկ անհրաժեշտ է ձեռք առնել հայ իգական սեռը, որ իբրև ճնշված և ստրուկ դասակարգ ավելի տրամադիր է ըմբոստացումի։

Ներկա իրականության հանդեպ, իմ և ընկեր Սարսափունիի գործունեության ուղղությունը պիտի ըլլա դեպի այդ ճանապարհով։ Այսինքն՝ զարթեցնել Վասպուրականի հայ կինը իր դարավոր քունեն, մի ցնցող ոգևորություն հառաջ բերել իր մեջը, զինք իջեցնել կռվի ասպարեզը, անողոք պայքար մղելու տղամարդ (արական) դասակարգին դեմ և իր բռնաբարված իրավունքները ձեռք բերելու համար, թեկուզ արյունի գնով։

«Կնոջական էմանսիբացիա».— ահա՛ մեր նշանաբանը վաղվա պայքարին համար։

Արդեն իսկ ընկեր Սարսափունի հետևյալ կոչը խմբագրեց, զոր՝ խմորատիպ՝ բաժնեցինք մեր ընկերներու ձեռքով, ամբողջ քաղաքի և շրջակա գյուղերու մեջ.

«Վասպուրականի հայուհինե՛ր,

Արթնցե՛ք ձեր դարավոր քունեն, վեր կացե՛ք և փշրեցե՛ք ստրկության շղթաներդ որոնց ծանրության տակ կորաքամակ ու շնչասպառ կը լինիք։

Վերցուցե՛ք ձեր աչքերը, և դիտեցե՛ք Ամերիկայի Միացյալ Նահանգներու, Անգլիայի ու Ֆրանսիայի ձեր քույրերը։ Տեսե՛ք թե նոքա ինչպես ոտքի են կանգնած և հրամայողական պահանջ կը դնեն իրենց իրավունքները ստանալու համար։ նոքա միայն խոսքով չեն բավականանար, այլ կը դիմեն նաև գործքի, կը դիմեն և բուռն միջոցներու։ Ինչո՞վ դուք պետք է ետ մնաք իրենցմե. միթե դուք ալ գերմանիացի, սպանիացի կամ ավստրիացի կիներուն նման՝ կ'ուզեք ստրկության շղթաները իբրև զա՞րդ գործածել ձեր վիզերուն ու բազուկներուն։ Հայ հեղափոխականը որ դղրդեց ամբողջ Թուրքիան, Ռուսիան ու Պարսկաստանը, հայ հեղափոխուհին, որ անոր կողքին կանգնած հրացանը ուսին՝ կռվեցավ իր պարսիկ և ռուս քույրերու ազատագրությանը համար, միթե այժմ, թևերը ծալլած, թույլ պիտի տա՞ որ իր ամուսիններեն ու եղբայրներեն, հայրերեն ու պապերեն կեղեքվի ու ճնշվի: Դա կը լինի անջնջելի ամոթ և նախատինք հայ կնոջ համար»:

Ու այսպես շարունակելով, ի վերջո, ընկեր Սարսափունի կը ներկայացներ հետևյալ պրոգրամը իբրև Վասպուրականի հայ կնոջ նվազագույն պահանջքները.

Ա. Այրերու և կիներու իրավունքի ու պարտքի բացարձակ հավասարություն:

Բ. Հայ կինը ընտրելի բոլոր ազգային պաշտոններու համար:

Գ. Ջավակներու վրա հավասար իրավունք:

Դ. Կնոջ բացարձակ իրավունք ամուսնական հարկեն դուրս հարաբերություններ մշակելու, իր սրտի հակումներու համեմատ, պատշաճության սահմանին մեջ:

Ե. Ամուսնական ստրուկ պայմանադրությանց ջնջում:

Զ. Վասպուրականի հայ կինը հասարակական գործերու մասնակից՝ իբրև կին-դատաւարակ, կին-փաստաթան, կին-թժիշկ, կին-թաղական, կին– հոգաբարձու, կին-խնամակալ, կին-հրապարակագիր, կին-պաշտոնյա և կին– ոստիկան:

Է. Եկեղեցական ասպարեզը նմանապես բաց կիներու համար, որով կարելի ըլլա ունենալ կին-վարդապետ, կին-վանահայր, կին-եպիսկոպոս և կին-առաջնորդ:

Ընկեր Սարսափունի կ'ուզե ծրագրի մեջ անպայման մտցնել նաև կին–զինվորի պահանջքը, բայց ես խոհեմություն համարեցի առայժմ լռւռ անցնիլ այդ մասին: Չպետք է խրտչեցնել մեր հետադիմականները:

Այս կոչին կը հաջորդե մի հսկա միթաինկ եկեղեցու մեջ, ծրագիրը դնելու համար գործնական հողի վրա:

Ծ.

ՎԱՆ, 11 հունվար, 1910

Սիրելի ընկերներ,

Միթինկը Վասպուրականի հայ կիներու էմանսիպացիայի (ազատագրության) մասին, զոր իմ նախորդ նամակով ծանուցած էի, կայացավ բայց անորոշ արդյունաբերությամբ:

Ծնունդի Խթման գիշերը [29], երբ եկեղեցին լիքն էր կիներու և տղամարդոց բազմությամբ, որոնք ջերմեռանդ ուշադրությամբ կը հետևեին երգեցողության՝ հանկարծ՝ խորանի կողքին՝ վեր կանգնեցավ ընկեր Սարսափունի և մի հիանալի թափով գոչեց.

— Վասպուրականի հայուհինե՛ր, ազատության ժամը հնչեց ձեզի համար, թոթափեցե՛ք ձեր շղթաները և թո՛ղ...

Հազիվ թե այս ցնցող խոսքերը արտասանած էր մեր ընկերը՝ մի աննկարագրելի իրարանցում տեղի ունեցավ եկեղեցիին մեջ:

Հետադիմական, շերիաթճի տարրը հանկարծ գլուխ բարձրացուց, «դո՛ւրս, դո՛ւրս» պոռչտուքներ արձակելով, մինչ դասին ու խորանին վրա գտնվող կղերականությունը, հավատարիմ իր անարգ դերին, կը փորձեր հարձակիլ կնոջական էմանսիպացիայի առաքյալին վրա և լռեցնել նորա ճշմարտախոսության շեփորը:

Ներկա կիներն անգամ, առանց որոշ գիտակցությունը ունենալու իրենց իրական շահերու մասին, նախատինքներ ու հանդիմանություններ կ'ուղղեին մեր արիասիրտ ընկերոջ:

— Տղե՛րք, հասե՛ք,— գոչեցի, տեսնելով որ բռնի ուժը կ'ուզեր խեղդել ճշմարտության ու ազատության ձայնը:

---

[29] Ծնունդի Խթման գիշերը — քրիստոսի ծննդյան նախօրյակը՝ հունվարի 5-ը:

Բայց մեր անձնվեր շարքեր են ո՛չ ոք երևան կու գար։ Հետո իմացա որ մեր գործոն ընկերներեն շատ եր մի հակակղերական ցույց ընելու համար որոշեր են նույն գիշեր չգալ եկեղեցի։

Մի ընկերուհի միայն, որ կիներու մեջ կեցած էր, ձայն բարձրացուց և գոչեց.— Թողե՛ք որ խոսի, ան մեր դատը պիտի պաշտպանե։

Բայց կիներու մոլեռանդ ամբոխը նորա ձայնը խեղդեց։

— Մենք հոս դատ տեսնելու չեկանք, աղոթք ընելու եկանք,— կ'ռռնային այդ ջատուկները, հարձակելով մեր անպաշտպան ընկերուհու վրա։

— Կիներու էմանսիբացիան մի հարց է, որ ծագում առած .է նախապատմական .շրջաններեն ի վեր, երբ կինը կլանների հասարակական ստացվածքը կը համարվեր, և երբ զավակը չէր ճանաչեր իր հայրը, և սերնդական հաջորդություններու ճյուղագրությունը հիմնված էր մորենական արենակցության վրա...— կը շարունակեր դիտել տալ ընկեր Սարսափունի, պնդորեն կառչած՝ խորանին վրա դրված գրակալին, որմե զինքը ազատ ել կ'ուզեին ավազերեցն ու լուսարարը։

— Մենք հոս աղոթք ընելու եկանք, ճառ մտիկ ընելու, չեկանք, թող երթա ուրիշ տեղ իր ճառը խոսի, հոս եկեղեցի է՝ լսարան չէ, վա՛ր առեք խորանին վրայեն, դո՛ւրս նետեցեք,— կը պոռար մոլեռանդ ու կույր ամբոխը, հետզհետե գրգռված։

Մեր արիասիրտ ընկերը, առանց պաղարյունությունը կորսնցնելու, թողլով գրակալը, որ բավական հաստատուն չէր, պլլված էր խորանին մարմարյա ոտքին ու իր դասախոսությունը կը շարունակեր, հակառակ եկեղեցու մեջ տիրող խառնակության.

— Միակնությունը տղամարդուն կողմե հնարված մի պայմանադրական օրենք է որը գոյություն չունի բնության մեջ...— կը շարունակեր՝ ուշ չդնելով ավազերեցի ու լուսարարի ճնշումներուն որոնց միացած էին նաև տիրացուներ և վարդապետը։

— Օրինակ՝ Պիրմանիան,— դիտել կու տար ընկեր Սարսափունի փաստացի ապացույցներու դիմելով,— Պիրմանիան ուր ամուսնությունը ո՛չ թե բազմակին՝ այլ բազմայր է, այսինքն՝ կինը իրավունք ունի բազմաթիվ ամուսիններ ունենալու:

Եվ այսպես նա կը ջանար, հակառակ մոլեռանդ ամբոխին, Վասպուրականի հայ կնոջ էմանսիբացիան պատրաստել, բայց ահա՛ զինքը ամեն կողմե պաշարեցին ու բիրտ ուժի միջոցով» վար առին խորանեն:

Ես մտածեցի միջամտել, մի լավ դաս տալ այդ հետադիմական կույր պարոններուն, բայց ափսո՛ս որ մեր ընկերները, ինչպես ըսի, պոյքոթ ըրած էին եկեղեցու դեմ և իմ միջամտությունը ո՛չ մի օգուտ չէր կրնար ունենալ և զուցե ավելի զրգռեր խավարամիտ ամբոխին կատաղությունը:

Այժմ բազմությունը մեր ընկեր Սարսափունին տարած էր բովի պահարանը, Ա կը լսեի հարվածներու և հայհույններու ձայնը, և մի աղիողորմ աղաղակ որ դուրս կու գար դասախոսին կոկորդեն:

Եվ ես, մի անկյունի խորը նստած՝ կը խորհեի տոքթոր Շթոքմանի վրա, Իպսենի այդ հերոսին, որ ինքն ալ ուզելով զոհվիլ ժողովրդի օգտին՝ փոխանակ վարձատրության՝ նախատինք ու հալածանք կ'ընդունի անորմե: Կը խորհեի Արիստոտելի վրա, որ իր ճշմարտախոսության և ազատախոսության համար, ոստրեվճռով աքսորի կը դատապարտվեր[30] տգետ ամբոխին կողմե: Կը խորհեի և իմ մասին, որ այնքան հալածանքներու ենթարկվեցա Ծապլվարի մեջ, ուզելով վերակենդանացնել այդ տեղի մեռած բնակչությունը: Երբ այս մըտածումներես սթափեցա, աղմուկը հանդարտած էր և երգեցողությունը վերսկսած եկեղեցու մեջ: Այն ատեն խորհեցա որ պետք էր օգնության

[30] Ոստրեվճռով աքսորի կը դատապարտվեր — անտիկ աշխարհում դատավճիռ կայացնելու ձև՝ քվեարկություն ոստրեի խխունջների միջոցով:

հասնիլ մեր տարաբախտ ընկերոջ և թույլ չտալ որ նա վատերու ձեռք այդպես ծեծի ու նախատինքի ենթարկվի:

Իսկույն դուրս ելա եկեղեցի են և փողոցի անկյունը տեսա ընկեր Սարսափունին, որ, գետին փռված, շնչասպառ կը հևար, հեծկլտանքներ արձակելով:

— Այսօր մի գաղափարային փառավոր հաղթանակ տարիր, որու համար ապագան երախտապարտ պիտի մնա քեզ,— ըսի մեր սիրելի ընկերոջ ճակատը համբուրելով: Նա համեստությամբ պատասխանեց.

— Դա ոչինչ, խնդրեմ մի քիչ ջուր:

Հետո, զինք մեծ դժվարությամբ և մի անձնվեր ընկերոջ օժանդակությամբ փոխադրեցի տուն, և անմիջապես հանգստացուցի անկողնի մեջ:

Պետք է ասել որ թշվառականները չէին խնայած իրենց հարվածները, և մեր ընկերոջ ոսկորները սարսափելի կերպով կը ցավեին:

Ամբողջ գիշերը նա անքուն անցուց, մատնված սաստիկ տենդի և ատեն-ատեն զառանցեց: Նա, նույնիսկ իր զառանցանքի մեջ, կը շարունակեր ընդհատված դասախոսությունը, կը պարզեր Ֆիճիի, Սումադրայի, Նոր Զելանտայի, Նումեայի և Խաղաղական օվկիանոսի, ուրիշ այլևայլ կղզիներու ընկերական վիճակը, բարքերը, սովորությունները, նիստուկացը, իր հայեցակետները հիմնելով միմիայն փաստացի իրողություններուն վրա:

Այսօր հինգերորդ օրն է որ նա անկողինը զամված կը մնա, բայց, բարեբախտաբար ցավերը անցած են բոլորովին, և շուտով վեր կանգնի անկողնուց:

Ինչպես կը տեսնեք, մեր գործունեությունը մտած է պայքարի բեղմնավոր շրջանին մեջ:

ԺԱ.

ՎԱՆ, 25 հունվար, 1911

Սիրելի ընկերներ,

Ափսո՛ս որ ձմեռն ու ձյունը գոցած են բոլոր ճամբաները, եթե ոչ, ձեր հրահանգի համեմատ, շուտով կը մեկնեի Կարին ու անկե Կ. Պոլիս, ուր իմ ներկայությունը անհրաժեշտ կը դատեք։ Հուսամ որ մի քանի շաբաթեն կարող կը լինիմ ճանապարհ ընկնելու։

Ընկեր Սարսափունի ևս տրամադիր է գնալ դեպի Պարսկաստան։ Նա հոգեկան շատ ընկճված դիրքի մեջ է վերջին անախորժ դեպքեն ի վեր։ Թեև ծեծի հետևանքներեն բոլորովին ապաքինած՝ բայց կորուսեր է իր նախկին անձնավստահությունն ու եռանդը։ Երբ Վասպուրականի հայ կնոջ էմանսիբացիայի խոսք ըլլա՝ նա, բնազդաբար և ակամա՝ ձեռքը կը տանի քամակին։ Պետք է ասել որ եկեղեցու միջադեպը ունեցավ խիստ վատ հետևանքներ։ Կղերահետադիմական-մութ-շերիաթճի ուժերը շահագործեցին այդ ցույցը իբրև մի հակակրոնական քայլ, մինչդեռ մենք բացարձակապես կը հարգենք ամեն համոզում, և եթե ուզեցինք մեր դասախոսությունը Խթումի գիշերը՝ ժամերգության պահուն եկեղեցու մեջ ընել, երբեք նպատակ չունեինք հավատացյալներու աղոթքը խանգարելու։ Այդ խանգարումը առաջ եկավ հակառակ մեր կամքին ու անկե անկախ պատճառներով, որովհետև դասախոսութուն և ժամերգություն միևնույն ատեն պատահեցան գիշեր ժամանակ մը, Խթումի օրով։ Այս ճշմարտությունը սակայն շատ դժվար էր, ըստ Ավրամյան գեղեցիկ բացատրության առանց «պուրղուլով ծակելու՛» մտցնել մեր խավարամիտներու գլխուն մեջ։ Եվ ահա՛ ամբողջ քաղաքը սկսավ մեզ դեմ դառնալ, մոռնալով մեր բոլոր անձնվիրություններն ու զոհողությունները։

Մյուս կողմե մեր տղերքն ալ մեզ մատնեցին նեղ ու վատ դրության։ Անոնք իմանալով ինչ որ անցած էր եկեղեցու մեջ իրենց բացակայությունը, սաստիկ զայրացած եկան մեր մոտ և պահանջեցին որ, մեր պրեստիժի պահպանումի համար, ընկեր Սարաափունի իր դասախոսությունը անպատճառ կրկին կատարե նույն պայմաններուն մեջ: Այսինքն՝ մեր տղերքը պարզապես կը պահանջեին որ գիշեր ժամանակ կրկին Ծննդի Խթման արարողություն կատարվեր, կրկին նույն հասարակությունը գար եկեղեցի և կրկին ընկեր Սարաափունի իր դասախոսությունը շարունակեր ընդհատված կետեն:

Այս արդարացի և լեզալ պահանջմունքը ցույց կու տա մեր ընկերներու հեղափոխական զարգացման և ինքնագիտակցության որոշ աստիճանը: Ընկեր Սարաափունի հակառակ որ անկողնի մեջ չէր կարող շարժիլ, երբ լսեց մեր շարքերու այդ օրինական հողի վրա բրած պահանջմունքը՝ հիացումով վեր ցատկեց պառկած տեղեն:

Բայց այս հրամայողական պահանջքը որքան լեզալ ու անտեղիտալի՝ նույնքան ալ բացարձակորեն անգործադրելի էր:

Մեր տղերքը իհարկե գիտեին ու կը զգային իրենց առաջարկության անկարելիությունը, բայց անոնք այդ ընելով կ'ուզեին ցույց տալ թե երբ խնդիրը մի ընկերոջ վիրավորյալ արժանապատվության վրա է, մինչև ո՛ւր կրնա հասնիլ իրենց գաղափարային երևակայական հանդգնությունը:

Համենայն դեպս հարկ էր մի բան սարքել բռնի ուժի այդ վայրագ ու գազանային արարքի դեմ, վերահաստատելիս համար մեր արդեն վտանգված պրեստիժը: Մի ցնցող գործունեությամբ պետք էր ժողովրդի լարված դրությունը մի տարբեր հողի վրա դարձնել և ջնջել տիրող վատ տպավորությունը:

Այս մասին երկար խորհրդակցեցանք ընկեր Սարաափունիի հետ: Եթե լոկ մնջիկ մեկնեինք Վանեն, ես դեպի Պոլիս և նա դեպի Պարսկաստան, այդ՝ կը լիճեր դասալքություն, փախուստ, պապանձում և մահացու հարվածը կու տար մեր ազդեցության և միաժամանակ բարոյապես կը մահացներ մեր գործոն շարքերու եռանդը:

— Նրանց գլխին պետք է բանալ մի փորձանք որու մեջեն սատանան ալ չկարենա դուրս շպրտիլ,— կ'ըսեր ընկեր Սարսափունի հաճախ, մեր խորհրդակցության միջոցին:

Արդարև մեզի համար միակ դարմանն էր այդ փորձանքը ստեղծել, պատվով դուրս գալու համար մեր կրիտիքական. կացութենեն:

Մեր ընկերներ են Գիժ Մակար, որ մի հնարամիտ ու հանդուգն տղա է, մի երեկո, երբ ինքն ալ ներկա էր խորհրդակցության, հանկարծ մի առաջարկ բերավ սեղանի վրա:

— Վանեն վեց ժամ հեռավորությամբ,— ըսավ,— Բճիճ գյուղի մոտերը, մի վանք կա, Սուրբ Վարդանա վանք անունով, ուր ամեն տարի, Վարդանանց տոնին, եկեղեցական հանդես կը կատարվի ու Վանեն և շրջակա գյուղերեն բազմաթիվ ուխտավորներ կ'երթան: Վանքին մեջ միայն վանահայր մը, երկու վարդապետ և մեկ քանի մշակներ կան: Մի՞թե կարելի չէ Վարդանանց հանդեսի օրը երթալ այդ վանքը գրավել իբրև մի հակացույց Խթման գիշերի դավադրության:

— Դա արդար և մի լուրջ հարց է,— վճռեց ընկեր Սարսափունի,— և համենայն դեպս ցնցող տպավորություն կրնա գործել մեր ընկերներու վրա և ժողովրդի մեջ հառաջ բերել մի ունէ շարժում:

— Գրավել վանքը, վարդապետները դուրս վանել, մատակարարությունը հանձնել մեր ընկերներ են կազմված խնամակալության մը, ուղղակի մեր կուսակցության կոնտրոլի տակ, եկեղեցին վերածել լսարանի, վանական խուցերը փոխել աշխատանքի տան, անպետ անոթները վաճառել, վաճառել և́ գրչագիր մատյանները, և անոնց տեղ հաստատել ժողովրդական գրադարան, բանալ մի ընթերցարան, վարժարան, ժողովրդական ակումբ, մի միջկուսակցական խմբատեղի, հողերու մշակությունը հանձնել մի գյուղատնտեսագետ ընկերոջ, և վերջապես փոխանակ Վարդանանցի՝ տոնել այնտեղ Խանասորի արշավանքին տարեդարձը[31], այդ ամենքը մեկ քանի օրվան խնդիր է:

Այսպես խոսեցավ մեր ընկեր Գիժ Մակար:

Միայն թե կար մի կարևոր հարց: Եթե մեր արշավանքը կատարեինք Վարդանանց տոնի օրը, երբ շրջակա ժողովուրդը լեցված կ'ըլլար վանքի մեջ, մեր հարձակումը կրնար հանդիպիլ լուրջ ընդդիմության, և այն ատեն վեր ջինն չար քան զառաջինն կարող էր ըլլալ: Ուստի հարկ էր վանքի գրավման ձեռնարկել՝ երբ տակավին ժողովուրդը չէր եկած հոն:

— Բայց մենք պետք է վանքին տիրենք հանուն ժողովրդին,— դիտել տվավ ընկեր Սարսափունի:

— Իհարկե այդպես պետք է անենք,— ըսավ Գիժ Մակար,— մենք պիտի գործենք Վասպուրականի հայության անունով:

— Ուրեմն ահա՛ թե ի՛նչպես պիտի ըլլա իրողությունը,— եզրակացուց ընկեր Սարսափունի:— Գիտակից ժողովուրդը հուզված՝ կղերա-ռեաքցիական-շերիաթճիական մութ ուժերու սարքած համիտաբարո դավերեն, որոնք երևան եկան Խթման գիշերը Վանի եկեղեցիին մեջ, և ուզելով տիրանալ իր անքռնաբարելի իրավունքին՝ կը գրավե Ս. Վարդանա վանքը, զայն ազատելու համար հոն որջացած գիշատիչ հայ կղերներու ձեռքեն, և իր հոժար կամքով զայն կը հանձնե ժողովրդի զավակներուն, ժողովրդի կոնտրոլին տակ, որպեսզի ժողովրդի շահերուն ծառայե:

---

[31] Խանասորի արշավանքի տարեդարձը — Վասպուրականի Ազբակ գյուղի մոտ, խանասորի լեռնադաշտում 1897-ին դաշնակցականների տարած հաղթանակը քրդական ցեղերից մեկի դեմ:

Այս fomule–ը ընդունվեցավ ամենուս կողմէ և Սուրբ Վարդանա վանքին գրավումը վճռվեցավ ընկերային ժողովով:

Մանրամասնությունները կ'իմանաք հաջորդ նամակով: Մեր շարքերուն մեջ ոգևորությունը շատ մեծ է, թեև ամեն ինչ գաղտնի պահված է:

ԺԲ.

ՎԱՆ, 19 փետրվար, 1911

Սիրելի ընկերներ,

Ս. Վարդանա վանքին գրավումը շատ ավելի հեշտ պայմաններու տակ կատարվեցավ, քան ինչ որ մենք կ'ենթադրեինք: Պետք է խոստովանիլ որ Գիժ Մակարի ռազմական տակտիկան այս մասին ունեցավ որոշ ու վճռական դեր:

Երկուշաբթի, փետրվար 14, վաղ առավոտուց մեր տղերքը Այգեստանեն մի քառորդ ժամու հեռավորությամբ պատրաստել էին ձիանքը: Ես, ընկեր Սարսափունի, Գիժ Մակար, Կայծակ խումբեն՝ ընկեր Շանթ, Փայլակ խումբեն՝ ընկեր Որոտունի, Պայթուցիկ խումբը համարյա թե ամբողջովին, վերջապես 14 հեծյալ կտրիճ երիտասարդներ ընկանք ճանապարհ, հրացաններով, րեվոլվերներով ու դաշույններով զինված, դեպի Բճիճ գյուղը: Խումբը ուներ մարտական ահաբեկիչ երևույթ և ճանապարհին գեղացիները մեզ կը նայեին հետաքրքիր ու զարմացած աչքերով: Երբ հասանք ամայի դաշտերը, տղերքը ոգևորված, սկսան հրացան պարպել օդին՝ լեղապատառ փախցնելով ճնճղուկները, մինչդեռ ընկեր Սարսափունի և Գիժ Մակար կ'երգեին մարտական երգեր իրենց թավ ու ցնցող ձայնովը: Տեսարանը սրտապնդող ու տպավորիչ էր:

Կեսօրվա մոտ հասանք Բճիճ գյուղը, ուրկե կես ժամ հեռու կը գտնվի Ս. Վարդանա վանքը: Տղերքը սոված էին և ընկեր Սարսափունի հայտարարեց թե «քաղցած փորով կարելի չէր լավ կռվել»: Հետո, հարձակումը սկսելէ առաջ, հարկ էր իմանալ վանքի դրությունը, ուխտավորներ եկա՞ծ էին թե ո՛չ, քանի՞ մարդ կար վանքին մեջ, զինվա՞ծ էին թե ո՛չ, ի՞նչ, էին վանահոր տրամադրությունները ո՞ր կողմեն կարելի էր հարձակիլ ավելի հաջող պայմաններով, վերջապես մի շարք կռիվի տեխնիքական մասին պատկանող հարցեր զորս հարկ էր լուսաբանել: Գիժ Մակար հանձն առավ մի ընկերոջ հետ երթալ և պետք եղած քննությունները կատարել: Մենք մնացինք Բճիճ գյուղը, ուր մեզ հյուրընկալեցին գեղացիք, անմիջապես մի ոչխար խորովելով մեզի ի պատիվ:

Մեր փոքրիկ բանակը տեղավորվեցավ բացօթյա, թեև ցուրտը բավական սաստիկ էր՝ բայց մեր տղերքը, իբրև ճշմարիտ կռվողներ, վարժված էին պատերազմական դրության խստություններուն. հետո՝ միասին ունեինք առատ գինի, որ կը չեզոքացներ ցուրտի ազդեցությունը: Գեղացիք, մեր շուրջը հավաքված, հետաքրքիր էին իմանալ մեր արշավախմբի նպատակը, բայց մենք այդ մասին ո՛չ մի բան չէինք հայտներ:

— Հետո կ'իմանաք,— կը պատասխաներ ընկեր Սարսափունի,— երբ նոքա իրենց հարցումները կը կրկնեին:

Ճաշը անցավ շատ զվարթ. մեր ընկերները հիանալի պաղարյունություն ցույց կու տային և ո՛չ մի հուզում չէր մատներ իրենց ներքին հոգեկան վիճակը: Տակավին կերակուրի, վրա էինք, երբ երկու ժամեն վերադարձան Գիժ Մակար և ընկերը: Տեղեկությունները շատ նպաստավոր էին Վանքին մեջ, բացի վանահայրեն, կային միայն երկու ծեր վարդապետներ, որոնց մին արդեն հիվանդ անկողինը պառկած էր. վարդապետներեն զատ, վանքը ուներ երկու մշակ, մի փոքր տղա և մի պառավ կին, որ կը ծառայեր վարդապետներուն: Իսկ զենք՝ բացի մի հին անգործածելի հրացանե, չկար:

Այս տեղեկությունները ա՛լ ավելի ոգևորեցին ու արտապնդեցին մեր տղերքը, որոնք սկսան երգել ու խմել: Բացի ոչխարի խորոված են՝ գեղացիները բերած էին պուլկուր փիլավ, մածուն, պանիր, մեղր և չոր պտուղներ: Ճաշը շարունակվեցավ դեռ երկար, տղերքը սկսան պարիլ մի ինչ որ մարտական պար, իրենց մերկ դաշույններն օդին մեջ ճոճելով: Մենք հրացաններու վրա հենած կը դիտեինք ու քեյֆ կ'անեինք: Հանկարծ վեր կանգնեցավ ընկեր Սարսափունի.

— Բատուայի հեշտությունները չպետք է որ Աննիբալն հետ կեցնեն իր պարտականութենեն,— գոչեց.— տղե՛րք, գնանք պատերազմի ասպարեզը:

Այդ մարտագոռ կոչը հառաջ բերավ ցնցող տպավորություն: Տղերքը վեր թռան, պատրաստեցին ձիանքը և արշավախումբը ընկավ ճանապարհ:

Երբ հեռուեն երևցան վանքի պատերը, ընկեր Սարսափունի հարցուց.

— Տղե՛րք, հրացանները լի՞քն են:

— Այո՛,— ձայն բարձրացավ կտրիճներու խումբեն:

Հետո տիրեց մի խոր լռություն. րոպեն վերին աստիճան տպավորիչ էր: Գիժ Մակար և ընկեր Շանթ իրենց ձիերը քշեցին առաջ, հրացանները բարձրացուցին և գոչեցին.

— Ո՛վ որ հայու արյուն կը կրե՛ թո՛ղ հետևի մեզի:

— Կեցցե՛ հեղափոխությունը,— պատասխանեցին տղերքը իրենց ձիերը մտրակելով:

Մի րոպե վերջ հասած էինք Ս. Վարդանա վանքի դրան առջև, ուր կեցած էին մի ծերունի վարդապետ, պառավ աղախինը և մի տասնամյա մանուկ, որը հետո իմացանք թե պառավի թոռն էր: Երկու մշակներն ու վանահայրը չկային մեջտեղ. այդ բացակայությունը իսկույն գրավեց ընկեր

Սարսափունիի ուշադրությունը, որ գոչեց.

— Տղե՛րք, զգո՛ւյշ, չըլլա որ մի թակարդ սարքած լինեն մեր դեմ, այդ վատ կղերականները կարող են ոտքի տակ առնել պատերազմական ամեն պայման և դավաճանել մարդերու իրավունքի բնական օրենքներու դեմ:

Բայց արդեն իսկ Գիժ. Մակար, Շանթ, Որոտունի և մի քանի տղերք վար ցատկած էին իրենց ձիերեն և շղթայի տակ առած ծերունի վարդապետը, պառավ աղախինը և մանուկը:

— Ո՞ւր է վանահայրը,— հարց բարձրացուց ընկեր Սարսափունի, խոսքը ուղղելով վարդապետին, որ սարսափած կը դիտեր իր շուրջ տեղի ունեցած անցքերը:

— Վերը, Կիրակոս հայր սուրբի քովն է:

Կիրակոս անդամալույծ հիվանդ վարդապետն էր, որու մասին լուր բերած էր Գիժ Մակար:

— Իսկ մշակնե՞րը, ո՛ւր են...

— Ախոռին մեջ անասուններուն խոտ կու տան:

— Վանքին մեջ ուրիշ մարդ չի՛ գտնվիր:

— Ո՛չ ոք:

— Եթե մեզ խաբես, գիտցած եղիր որ մեր ձեռքեն երբեք չես կարող պրծիլ:

— Աստված վկա է որ ճշմարիտ կը խոսիմ,— պատասխանեց դողահար վարդապետը:

— Տղե՛րք, ներս արշավեցե՛ք,— հրաման տվավ ընկեր Սարսափունի:

Կես ժամ ետքը ամբողջ վանքը ինկած էր մեր տիրապետության ներքև: Հաղթությունը կատարյալ էր և տղերց խանդավառությունը չափ չուներ:

Անմիջապես հրատարակեցինք պատերազմական վիճակ և ամենախիստ հարցաքննության ենթարկեցինք գերիները, հասկնալու համար թե ի՛նչ կը գտնվի վանքին մեջ, թե ո՛ւր պահված են թանկագին իրեղենները, թե վանքը քանի՞ արտ և անասուն ունի, թե որքա՞ն պատրաստ դրամ կը գտնվի նլն.:

Գիշերը շուտով վրա հասավ և մենք ամեն զգուշություն ձեռք առնելէ ետքը գնացինք հանգչելու, մեր օրվա տուժանքեն հոգնած:

Հետևյալ առտու կանուխ ընկեր Սարաափունի, հավաքեց բոլոր տղերքը և այսպես խոսեցավ անոնց.

— Գրավելով, հանուն Վասպուրականի հայ աշխատավոր ժողովրդին, Բճիճի Ս. Վարդանա վանքը, մենք կատարեցինք մի ակտ՝ որը ունի երկու որոշ նշանակություն, նախ՝ թե վանքերը պետք է լինին ուղղակի ժողովրդի ստացվածք և ո՛չ թե կղերի էքսկլուզիական սեփականություն և երկրորդ՝ թե նոքա պետք է մատակարարվին ուղղակի այդ ժողովրդի կոնտրոլի տակ: Արդ, մեր ակտը կը մնա անպտուղ, եթե մենք իսկույն չձեռնարկենք վանքի ժողովրդապետական կազմակերպությանը. ուստի, սիրելի ընկերներ, չպետք է որ դուք զենքերը վար դնեք. մինչև որ այդ ամենը ի գլուխ չելլե մեր կուսակցության հսկողության տակ:

Բուռն ծափահարություններ ընդունեցին այս կարճ հայտարարությունը:

Նույն օրն իսկ վանքի վերակազմության կենսական գործը սկսավ:

Թե ի՛նչ է այդ գործը և թե ի՛նչ հրաշալի մետամորֆոս կրեց Ս. Վարդանա վանքը մեր իշխանության տակ, դա ձեզ կը բացատրե իմ հաջորդ թղթակցությունը: Ձեր նամակները ուղղեցեք իմ նոր հասցեին. «Վան նահանգի Բճիճ գյուղի Ս. Վարդան վանքի աշխարհական վանահայր ընկեր Բ. Փանջունի»:

Արշավախմբի բարոյական ու ֆիզիքական վիճակը հիանալի դրության մեջ է և այս գրավումը մի փրկարար էֆեկտ առաջ բերավ առ հասարակ բոլոր շարքերու վրա:

ԺԳ.

ՎԱՆ, 6 փետրվար, 1911

(Բճիճ գեղ՝ Քրափոտքինի վանք)

Սիրելի ընկերներ,

Սրտապնդիչ լուրեր ունիմ այս անգամ ձեզ հաղորդելիք։ Հազիվ մի շաբաթ եղավ որ Վասպուրականի հայ ժողովրդի անունով գրավեցինք Ս. Վարդանա վանքը և արդեն իսկ կերպարանափոխությունը կատարյալ է։ Համարյա՛ թե ոչինչ չէ մնացած հին ապականված դրութենեն։ Նախ՝ իբրև բարեկարգության մի էական պահանջք, ջնջեցի վանքի նախնական անիմաստ անունը՝ Սուրբ Վարդան՝ որ մեր ներկա իրականության հետ ո՛չ մեկ կապ ունի, և անվանեցի զայն Քրափոտքինի վանք, իբր մի հարգանքի տուրք դեպի հեղափոխական գաղափարի մեծ ներկայացուցիչը։ Հետո ձեռք զարկի տնտեսական մատակարարության հիմնական փոփոխության, հաստատելով ամենախիստ կոնտրոլ։ Ըստ նոր կանոնագրության՝ վանքը կ'ունենա մի պատասխանատու ներկայացուցիչ Վասպուրականի հայ ժողովրդի կողմե, հետո մի այլ ընդհանուր ներկայացուցիչ կուսակցության կողմե՝ որ կը կատարե կոնտրոլի պաշտոն առաջնու վրա, հետո կ'ունենա մի պատասխանատու գանձապետ, մի համարակալ, մի գյուղատնտես և մի լիազոր քննիչ Վանա մեր ենթակոմիտեի կողմե։ Գանձապետի վրա կոնտրոլ կը լինի ամեն շաբաթ, հետո ամեն ամիս համարակալը կը ներկայացնե իր հաշիվները Վասպուրականի հայ ժողովրդի պատասխանատու ներկայացուցիչին, որ այդ հաշիվները կ'ենթարկե կուսակցությանս ներկայացուցիչին՝ որ գյուղատնտեսի հետ կը կատարե խիստ կոնտրոլ և հետո կը հաղորդե ենթակոմիտեի լիազոր քննիչին, որ հաշիվներու ճշդությունը հարակից վավերաթուղթերով ստուգելե ետքը կը վավերացնե զանոնք։ Կը տեսնեք, որ այս դրությամբ ո՛չ իսկ մի ճանճ կրնա փախչիլ աչքե։

Նոր կանոնագրությունը պատրաստելե ետքը, մեր տղերքը հրավիրեցինք ընկերական ժողովի, որպեսզի քվեարկությամբ կատարվի վերոհիշյալ պաշտոններու համար պատշաճ անձերու ընտրությունը։ Քվեարկության համար վճռվեցավ կատարյալ ազատություն, առանց ունէ ճնշումի։

Քվեարկության արդյունքեն դուրս եկավ, որ ինձ կը հանձնվեր Վասպուրականի հայ ժողովրդի պատասխանատու ներկայացուցչի պաշտոնը, զիս ընտրեցին նաև գյուղատնտես և Վանա մեր ենթակոմիտեի լիազոր քննիչ։ Իսկ կուսակցության ընդհանուր ներկայացուցչի, գանձապետի և համարակալի պաշտոնները հանձնվեցան ընկեր Սարսափունիի։ Բայց որովհետև նա երկու օր առաջ մեկնեցավ դեպի Պարսկաստան, ինչպես որոշված էր՝ այդ պաշտոններն ալ ես կը կատարեմ։

Պաշտոնաբաշխութենէ ետքը՝ առաջին հարցը որ ստիպողական լուծում կը պահանջեր, ընկեր Սարսափունիի ճանապարհածախսի խնդիրն էր։ Պետք էր դրամը հայթայթել վանքի գանձարանեն, քանի որ ուրիշ միջոց չկար։ Բայց մենք, ըստ նոր կոնտրոլային կանոնագրության՝ չէինք կարող բացառիկ և չնախատեսված ծախքեր ընել, առանց ընկերական ժողովի որոշման. դա կը լիներ դատապարտելի անտակտ գործ։ Ուստի հրավիրվեցավ ընկերական ժողով, հարցը դրվեցավ սեղանի վրա, և միաձայնությամբ վճռվեցավ ճանապարհածախսի դրամը վեր առնել վանքի կասսայեն։

Բայց ահա՛ մի նոր դժվարություն երևան ելավ։

Գանձապետը հայտարարեց որ վանքի կասսային մեջ փող չկար։

Մի կարճ վիճաբանութենէ ետքը, ժողովը միաձայնությամբ որոշեց լիազոր իշխանություն տալ Վանքի մատակարարության որպեսզի իր տրամադրության տակ եղած ունէ միջոցով ճարէ ճանապարհածախսի համար անհրաժեշտ եղող գումարը։

Ժողովեն հետո ես և ընկեր Սարսափունի ունեցանք առանձին խորհրդակցություն այդ մասին։ Վանքն ուներ երկու գոմեշ, երկու կով, մեկ ձի, մեկ ավանակ և քսան ոչխար։ Համաձայնեցանք վաճառելու այդ անասունները և գոյացած գումարով բավարարություն տալու ընկերական ժողովի որոշումին։

Ընկեր Շանթ, Գիժ Մակար և երկու տղերք հանձն առին անասունները փոխադրել Վան, և փոխադարձ կոնտրոլի և հսկողության տակ վաճառել զանոնք։

Վանահայրը, որ թեև պաշտոնե հրաժարեցուցված և մեկուսացված է, և տակավին վանքը կը գտնվի, ուզեց ընդդիմանալ այս վաճառումին, բայց մենք ցույց տվինք իրեն ժողովի օրինավոր որոշումը և արձանագրությունը։

Մեր տղերքը մեկնեցան անասուններով միասին և երկու օր ետքը վերադարձան՝ բերելով ընկեր Սարսափունիի համար պետք եղած ճանապարհածախսի դրամը։ Նոքա վաճառումը կատարած էին շատ նպաստավոր պայմաններով։

Բայց ահա՛ այդ գործունեությունը մի վխվխոց հառաջ բերավ Վանի հետադիմական շարքերու մեջ։ Երևի մեր բարեպտուղ նախկին վանահայրն ալ՝ հարդի տակե

նպաստած է այդ վխվխոցի տարածման։ Այդ շերիաթճիական հոսանքներու պարագլուխները կը դիմեն առաջնորդին և մի շարք ստոր ամբաստանություններ կ'ընեն մեր մասին, ըսելով թե մենք կամայական և ապօրեն կերպով կը վաճառենք վանքի ինչքերը, թե մենք վանքը գրաված ենք մեր շահուն համար, թե ժողովուրդը հակառակ է այդ գրավման, թե մենք իրավունք չունինք վանքի անունը փոփոխելու ևն, ևն.։ Երբ այդ շշնկոցներու լուրն հասավ մեր ականջին, բարեբախտաբար ընկեր Սարսափունի ընկած էր ճանապարհ, եթե ոչ՝ կարող էր նա դառնալ Վան և տեղն ու տեղը մի լավ դաս տալ այդ ստոր արարածներուն։

Բայց եթե նա մեկնած էր, ես կը մնայի հոն և չէի կրնար անտարբեր և լուռ մնալ այդ հետին մտքերով եղած զրպարտություններուն հանդեպ։

Անմիջապես մի ընդարձակ պաշտոնական գրություն ուղղեցի առաջնորդին, որու մեջ փաստացի կերպով ցույց տվի թե անասուններու վաճառումի հարցը ուղակի հետևանքն էր ընկերական ժողովի տված օրինավոր որոշման, որ արձանագրված է ատենագրության մեջ և վավերացված ատենապետ և ատենադպրի ստորագրություններով, թե վանքային մատակարարությունը չէր կարող չհարգել ժողովի տված որոշումը, թե անասուններու վաճառումը կատարված էր կոնտրոլի դրությամբ և արդյունքը մանրամասն արձանագրված մեր արխիվներու մեջ, ենթարկված կոնտրոլի և վավերացված, թե այդ վաճառման գործողության ամբողջ մանրամասնություններն ու հաշիվները կոնտրոլային խիստ քննություններե անցնելե և Վասպուրականի հայ ժողովրդի ներկայացուցիչին, կուսակցության ընդհանուր ներկայացուցչին, պատասխանատու գանձապետին, համարակարն, գյուղատնտեսին և Վանա ենթակոմիտեի լիազոր քննիչին կողմե վավերացվելե և ստորագրվելե ետքը՝ ղրկված է հարավային բյուրոյին, որպեսզի պահվի այդ տեղի արխիվներուն մեջ: Հետևաբար, առաջնորդը եթե կը կամենա ճշմարտությունը իմանալ, փոխանակ ստոր զրպարտություններու կարևորություն տալու, կարող է ուղակի դիմել հարավային բյուրոյին և խնդրել պետք եղած բացատրությունները:

Իմ այս փաստացի զրությունը հառաջ բերավ ապահովիչ տպավորություն մեր ընկերներու մեջ:

Այժմ ձեռք առինք վանքի իրեղեններու հարցը: Սկզբունքով մենք արդեն որոշեր ենք թանկագին առարկաները, հին գրչագիր աղոթամատյանները, արծաթեղեն անոթ, սկիհ, խաչ, աշտանակ, կանթեղ նն., ինչպես նաև շուրջառ, եմիփորոն, խույր, վարագույր, գորգ նն. որոնք մի ինչ որ նյութական արժեք կը ներկայացնեն, փոխադրել մի ապահով տեղ, օրինակ մեր Վանա Կեդրոնատեղին:

Կոնտրոլի դրությունը ապահով եմ որ կու տա հրաշալի արդյունք կարճ ժամանակի մեջ: Արդեն սկսած ենք քաղել անոր պտուղները։

ԺԴ.

ՎԱՆ, 3 մարտ, 1911
(Բճիճ գեղ՝ Քրափոտքինի վանք)

Միրելի ընկերներ,

Եվ եթե կան տակավին կամավոր կույրեր, անզիղջ թերահավատներ, թո՛ղ գան տեսնեն, տոկումենտներու փաստացի ապացույցներով, թե ի՛նչ կարող է անել մի կազմակերպություն, եթե ձեռք զարնե վանքերու բարեկարգության՝ փոխադարձ կոնտրոլի խիստ հիմունքի դրությամբ։

Հազիվ մի ամիս է որ տիրել ենք Վանա Քրափոտքինի վանքին, և արդեն նա կերպարանափոխ եղեր է։

Ի հարկե այդ ամենը առանց դժվարության չեղավ ու մենք ստիպվեցանք կատաղի պայքար մղել անընդհատ մութ ուժերու զրպարտություններուն դեմ, բայց, ի վերջո, ճշմարտությունը երևցավ և մենք տարինք հաղթանակը։

Բայց, մեր սկզբունքին համեմատ, խոսինք շոշափելի իրողություններու վրա և ո՛չ թե երևակայական պոռոտաբանություններ ընենք։

Վանքի դվարներուն[32] վաճառումեն ետքը, որու մասին արդեն մանրամասն գրեցի, հարկ եղավ վանքը մաքրագործել հոն որջացած ցեցերեն։ Դա հեշտ գործ չէր, բայց մեր տղերքը հաջողեցան։

Վանքի Օրենսդիր ժողովը, որուն նախագահ-ատենապետ-քարտուղար-անդամն եմ ես, մի կարճ

[32] Դվար - տավար, խոշոր եղջերավոր անասուն։

խորհրդակցութենէ վերջ, վճռեց դուրս արտաքսել երեք վարդապետները, երկու մշակները, պառավ կինը և իր թոռը, որք երկար տարիներէ ի վեր հոն հաստատված, անհաշիվ ու անկոնտրոլ, վանքը կը շահագործեին: Վճիռը, ըստ ներքին Կանոնագրի, հաղորդվեցավ գործադիր մարմինին որուն պետն է Գիժ Մակար, որ իսկույն տղերքը գլուխը հավաքած գործադրեց Օրէնսդիր ժողովի որոշումը, և այդ պորտաբույծ անձերը տարավ վեց ժամ հեռու գտնվող Փգրիճ գյուղի Ս. Սահակ վանքը, և ընդունել տվավ զանոնք տեղվույն վանահորը:

Այժմ այդ կեղտոտ արարածները Վանա առաջնորդին և Պոլսո թերթերուն գրեր են որ իբր թե մենք զիրենք բռնի և ապօրեն կերպով դուրս հաներ ենք վանքեն, ինչ որ մի ստոր զրպարտություն է և պետք է ձեր կողմեն բացարձակ կերպով հերքվի: Արտաքսումի որոշումը կայացավ օրինավոր ժողովի վճռով և գործադրվեցավ օրինավոր պայմաններու տակ: Ժողովի ատենագրությունն ու վճիռը արձանագրված են տոմարներու մեջ և վավերացված նախագահի, ատենապետի և քարտուղարի կողմէ. նույն իսկ պատճենը հաղորդած ենք Հյուսիս-Արևմտյան բյուրոյին, որպեսզի խնամով պահվի արխիվներուն մեջ: Ինչպես կը տեսնեք, ո՜չ մի կամայական արարք, ո՜չ մի կոնտրոլային թերություն կա կատարված գործողության մեջ: Նոքա որ բռնի ուժի և ապօրինության խոսք կ'ընեն, թո՛ղ փաստացի ապացույց մեջտեղ բերեն: Մենք պատրաստ ենք տրամադրելու մեր արձանագրությունները:

Մաքրագործումի այդ առաջին քայլեն ետքը, սկսանք լուրջ գործունեության:

Վանքի մեջ կայացավ ընդհանուր ժողով և սա երկու հարցերը դրինք սեղանի վրա:

Ա. Ի՞նչ պետք էր անել վանքի մեջ գտնված արժեքավոր նյութեղենները, զանոնք լավագույն կերպով պահպանելու կամ գործածելու համար:

Բ. Ի՞նչ պետք էր անել մշակական գործիքները, խոփ, արոր, մանգաղ, բահ, բրիչ ևն. որոնք մշակներու արտաքսումովը կը դառնային անպետքացու առարկաներ:

Առաջին հարցի մասին ժողովը վճռեց վաճառել բոլոր աղոթամատյանները, եկեղեցական անոթները, վարդապետական զգեստները, խաչ, գավազան, սկիհ ևն., և գոյացած գումարը հատկացնել Վասպուրականի կուլտուրական գործին, ֆոնտ կարոտ ընկերներու համար, ֆոնտ պրոփականտի համար, ֆոնտ աժանագին տետրակներու հրատարակման համար, ֆոնտ ընթերցարան-թեյարաններու հիմնարկության համար, ֆոնտ հրապարակախոսական ակումբներու հաստատության համար ևն ևն.:

Երկրորդ հարցի մասին՝ երկար վիճաբանություններէ ետքը՝ ժողովը հասավ նույն եզրակացության, այսինքն թե մշակական գործիքները հարկ էր վաճառել, քանի որ նոքա ո՛չ մի օգտակարություն ունեին այլևս:

Ես առաջարկեցի որ այդ վաճառումները կատարվին կոնտրոլային խիստ հսկողության տակ, և մեր ընկերները միաձայն հավանություն տվին:

Անմիջապես ձեռնարկեցինք գործի: Պատրաստեցինք մանրամասն ցուցակ վանքի բոլոր իրեղեններուն, մի առ մի նշանակելով առարկաներու տեսակը, լայնությունն ու երկայնությունը, իր արդի վիճակը, քանակությունը, կշիռքը ևն.: Ցուցակը ենթարկվեցավ խիստ կոնտրոլի և վավերացվեցավ ժողովի կողմե, և մի-մի օրինակ ղրկվեցավ Հարավային և Հյուսիսային բյուրոներուն, իսկ նյութեղենները ղրկվեցան Կարին, մեր հսկողության և կոնտրոլի տակ վաճառվելու համար: Ցուցակի օրինակը, եթե հարկ ըլլա, կը ղրկվի նաև ձեզ: Կարելի է ասել՝ վանքապատկան իրեղեններու մասին՝ երբեք այսպիսի կոնտրոլային խիստ դրությամբ վաճառում չէր կատարված: Դա մեր ներմուծած սիստեմն է, որ արդեն աչքի փուշ եղած է մյուս վանքերու անկոնտրոլ վանահայրերուն:

Այսպես ուրեմն, ներկայիս՝ Վանա Քրափորթքինի վանքը, բոլոր թրքահայ վանքերուն մեջ, կը ներկայացնէ մի եզական տիպար երևույթ: Նա չունի այլևս հնադարյան վանքերու փտած ապականությունը, հոն գոյություն չունին պորտաբույծ, ծույլ վանականներ ու մշակներ, ժողովրդի ու գյուղացու կռնակեն կշտացող անօգուտ բերաններ: Չկան և եկեղեցական զարդարուն զգեստներ, աղոթամատյան, ջահ ու կանթեղ, քշոց ու վարագույր, դվար ու գրաստ, խոփ և արոր, բայց ի փոխարեն կան՝ զինվորական կարգապահություն, ամենախիստ կոնտրոլ, վարչական, մատակարարական գործադիր մարմիններ, իշխանության և աշխատության բաժանում ու անպայման հսկողություն:

Չմոռնամ ասելու որ այդ վաճառումներեն մենք օգտվեցանք միմիայն օրինավորության սահմանի մեջ, վեր առնելով գոյացած գումարեն, ինչ որ անհրաժեշտ հարկավոր էր իմ և ընկերներուս օրըստօրեական պետքերուն և մի պահեստի ֆոնտ, անակնկալ պատահմունքներու համար, մնացած գումարը կը գործածվի իր նպատակին:

Առաջ տանելով վանքի բարեկարգության գործը, հարց բարձրացավ մեր ընկերներու մեջ թե ի՞նչ պետք էր անել վանքի կից պարտեզին մեջ գտնված մի հարյուրի չափ ծառերը, անպտուղ և պտղատու, կաղնի, տոսախ, ընկուզենի, թթենի, խնձորենի, սալորենի ևն.:

Մեր ընկերներեն մի մասը կ'առաջարկեր այդ ծառերը պահել ինչպես որ են, իսկ մեծամասնությունը կ'ուզեր զանոնք կտրել ու փայտը վաճառել և պարտեզը վերածել մի մարզարանի ուր տղերքը կարենային մարմնամարզական վարժություններ ընել:

Հարցը բավական կարևոր ու միանգամայն կնճռոտ էր և կարելի չէր թեթևորեն որոշում տալ, մանավանդ դա կը լիներ կամայական մի բան և բոլորովին հակառակ մեր նոր հաստատած կանոններուն և կարգապահության. ուստի որոշեցի հրավիրել ընդհ. ժողով, խնդիրը ենթարկել լուրջ վիճաբանության և հասուն խորհրդակցութենէ ետքը դիմել ձայներու մեծամասնության:

Մինչև որ այդ առկախ հարցերը վերջնական կերպով չկարգադրվին, կարելի չէ հիմնական գործերու ձեռնարկել, իսկ ես պետք է աճապարեմ, քանի որ ապրիլի վերջերը կա՛մ Պոլիս՝ ձեր հրահանգներուն համեմատ:

Առ այժմ ցը՛:

(ՎԵՐՋ «ԸՆԿԵՐ ՓԱՆՏՈՒՆԻ Ի ՎԱՍՊՈՒՐԱԿԱՆ»–Ի)

ԸՆԿ. Բ. ՓԱՆՋՈՒՆԻ ՏԱՐԱԳՐՈՒԹՅԱՆ ՄԵՋ

ՆԵՐԱԾՈՒԹՅԱՆ ՏԵՂ

Զինադադարեն[33] հետո երբ Պոլիս վերադարձա՝ շատեր ինձ կը հարցնեին.

— Տարագրության մեջ հանդիպեցա՞ր ընկեր Փանջունիին որ ապրիլ 11-ի աքսորյալներու մեջ կը գտնվեր:

[33] Զինադադար — խոսքը վերաբերում է 1918 թ. հոկտեմբերի 30-ին Մուդրոս ծովածոցում անգլիական ռազմանավի վրա կնքված զինադադարին, որից հետո Պոլիսն անցավ դաշնակիցների տիրապետությանը (մինչև 1923 թ.», երբ քեմալական զորքերը գրավեցին քաղաքը):(Բոլոր ծանոթագրությունները Լևոն Հախվերդյաննին են, եթե չի նշված այլ հեղինակ:)

— Այո՛,— կը պատասխանէի,— հրաշքով ջարդվելէ ազատած էր և գրեթէ երկու տարի միասին անցուցինք Թարսուսէն[34] մինչև Էլ Պուսերա[35]:

— Բայց մինչև հիմա իր մասին բան մը չգրեցիր:

— Որովհետև «չն է հասյալ ժամանակ», կը պատասխանէի խորհրդավոր կերպով:

Երբ «ժամանակ» օրաթերթին մեջ սկսա գրել աքսորականի հիշատակներս, ընթերցողները սրտատրոփ կը սպասեին որ ընկեր Փանջունիի մասին երկարորեն պիտի խոսեի:

Եվ ո՛չ իսկ անունը տվի: Հուսախաբությունը մեծ եղավ, սակայն ուրիշ կերպ չէի կրնար վարվիլ;

Ծանոթ հերոսին հազարավոր համակիրները և նույնիսկ հիացողները անոր Վասպուրականի գործունեութենեն հետո բան մը չէին գիտեր իր մասին ու ասիկա հոգեկան տանջանք մը եղած էր ամենուն:

Անցած տարի երբ Պոլիսեն մեկնելով եկա Պուքրեշ[36], հոս ալ ամենքը զիս կը հալածեին ըսելով.

— Ընկեր Փանջունիին մասին գրե՛ մեզի:

— Չեմ կարող,— կը պատասխանեի:

Ինչո՞ւ Փանջունիի մասին լուռ մնալու այս համառությունս:

Բացատրեմ:

Այո՛, իրա՛վ է որ, տարագրությանս մեջ, մեր ծանոթ հերոսին առաջին անգամ հանդիպած էի Թարսուսի վրաններուն տակ, իրա՛վ է որ միասին գացած էինք Օսմանիե, Հալեպ, Համա. իրա՛վ է որ միասին խլամացած էինք, իրա՛վ է որ Համայեն կրկին աքսորված էինք Հալեպ, Տեր Զոր և Էլ Պուսերա, իրա՛վ է որ իր մասին պատմելիք

---

[34] Թարսուս - Տարսուն, քաղաք Կիլիկիայում:

[35] Էլ Պուսերա — բնակավայր Սիրիայում:

[36] Պուքրեշ — Բուխարեստ:

հետաքրքրական դրվագներ շատ կային, բայց չէի կրնար բերանս բանալ կամ գրիչս շարժել...

Հազիվ թե ամիսէ մը ի վեր էլ Պուսերա կը գտնվեինք, իրիկուն մը ընկեր Փանջունի եկավ զիս գտավ և ըսավ.

— Գնանք պտույտ մը ընել, կամուրջեն անդին, դեպի դաշտերը:

— Գնանք,— պատասխանեցի,— բայց ի՞նչ կը նշանակե այդ կերպարանափոխությունը:

Արդարև ընկեր Փանջունի կատարյալ շավի[37] արաբի մը մորթին մեջ մտած էր: Գլուխը աղտոտ լաթ մը կապած, վրան ուղտի մորթե անթև վերարկու մը առած, ոտքերը բոբիկ, ձեռքը կարճ ճոկան մը որուն մեկ ծայրը խնձորի մեծությամբ գնդակ մը կար կուպրով կարծրացած... Շավիներու սովորական զենքը:

— Գնա՛նք և ճամբան կը բացատրեմ ամեն բան, ըսավ մեր հերոսը:

Մռայլ և խորհրդավոր դեմք մը ուներ և չուզեցի իմ հարցումներովս զինք սրտնեղել:

Ճամբա ելանք լուռ ու մունջ, անցանք Խապուրի վրա ձգված քարաշեն փոքր կամուրջեն, դաշտին մեջ քալեցինք կես ժամու չափ և հասանք խոշոր ծառի մը քով, ուր կեցած էին երկու էշ և շավի մը, բայց այս վերջինը հարազատ շավի մըն էր. գյուղին մեջ տեսած էի քանի մը անգամներ և գիտեի որ Մոհամմետ Ապու Սատրք կը կոչվեր:

Փանջունի ինծի դարձավ և ըսավ.

— Մենք զնում ենք, Մոհամմետի հետ, դեպի հո՛ն:

Եվ ձեռքովը ցույց տվավ անհուն տափարակության մեջ, հեռավոր բարձրություն մը, Սինճեր լեռը:

— Եզիտիներո՛ւ մեջ,— գոչեցի:

— Այո՛,— պատասխանեց,— եզիտիները մեր բարեկամներն են և ապստամբած՝ թուրքերու դեմ:

— Բայց ի՞նչ պիտի ընես այնտեղ:

---

[37] Շավի — արաբական ցեղ:

— Անգամ մը որ հասնիմ, կարող եմ գնալ Պարսկաստան ու անկեց ալ Կովկաս:

— Եվ Մուհամմե՞տ պիտի տանի քեզ այդտեղ... երեք օրվան ճանապարհ...

— Այո՛, միասին պայմանավորված ենք:

— Ինչպե՞ս կարելի է վստահիլ այսպիսի ավազակի մը:

— Ամեն բան խորհած, կշռած և կարգադրած եմ,— պատասխանեց Փանջունի:

Հետո գրպան են հանեց թուղթի մը մեջ ծրարված 12 դեղին ոսկի ու շավլիին դառնալով, երկու տարիե ի վեր իր սորված կցկտուր արաբերենովը ըսավ.

— Ահավասիկ ամբողջ հարստությունս 12 ոսկի է. չորսը ինծի կը պահեմ և ութը կը հանձնեմ այս բարեկամիս, եթե զիս ողջ տանիս եզիտիներուն մոտ, վերադարձիդ ինե նամակ մը բերելով բարեկամիս՝ կը ստանաս ութը ոսկին, իսկ եթե ճամբան գլխուս փորձանք մը բերես, այն ատեն միայն չորս ոսկի կ՝անցնի ձեռքդ և գործած ոճիրդ ալ քովդ կը մնա:

Շավլին երկու ձեռքերը վեր բարձրացուց և Էննեպին վկա կոչելով, իր զավկին՝ Սատըքի վրա երդում ըրավ որ ողջ առողջ զինքը պիտի տաներ Սինճեր Տաղը:

Փանջունի ինծի դարձավ և ավելցուց, արաբերեն լեզվով.

— Երբ Մուհամմետ նամակս բերե, անմիջապես ութը ոսկին իրեն տուր:

— Գլխուս վրա,— պատասխանեցի արաբերեն:

— Ուննեպի՞,— հարցուց շավլին:

— Ուննեպի,— կրկնեցի:

Արարողությունը ավարտած էր:

— Բաժնվելե առաջ երկու խոսք ունիմ քեզի. գիտեմ որ կեղտոտ բուրժուաներեն կաշառված՝ երկու անգամ փորձեցիր, քու Ծապլվարովդ ու Վապուրականովդ, զիս վարկաբեկել ու ծաղրելի դարձնել... թերևս բուրժուաները և կապիտալիստները խնդացուցիր, բայց ապահով եղիր որ գիտակից երիտասարդութիւնը քեզի դեմ ծառացավ: Ինչ որ է, անցածը անցած է, չխոսինք ատոր վրա... Կը ներեմ քեզի, բայց պայմանով մը...

— Ի՞նչ պայման,— հարցուցի:

— Պետք չէ որ վերսկսիս, պետք չէ որ եթե ողջ մնաս, բառ մը գրես, խոսք մը ընես իմ տարազրութեանս մասին, հակառակ պարագային, հա վստա՛ որ այս անգամ տարբեր կերպով պիտի վարվիմ:

Խնդացի և ըսի.

— Դժբախտաբար սպառնալիքները չեն ազդեր վրաս, ամենավատ միջոցը ընտրեցիր զիս լռության ստիպելու համար:

Փանջունի անմիջապես զգաց որ կաֆ[38] մըն էր ըրածը և իսկույն լեզուն փոխեց.

— Հանազ եմ անում,— ըսավ,— գիտեմ որ դուն անկեղծ և գաղափարական գրող ես, համոզումով կը գրես և ուրիշներէ չես ազդվիր ու այդ պատճառով է որ մեր տղերքը հաճույքով կը կարդան Ծապլվարը, իբրև մի՝ հումորիստական գրություն՝ առանց չարամտության, առանց հետին մտքերու, բայց նորեն կը խնդրեմ որ իմ մասին որևէ ակնարկութուն չընես բերանացի կամ գրավոր կերպով:

— Հիմա խնդիրը փոխվեցավ,— պատասխանեցի,— քանի որ խնդրանք մըն է ըրածդ և ո՛չ թե սպառնալիք մը, կը խոստանամ փափաքդ կատարել:

— Ուղիղ մարդու պատվո խո՛սք...

— Այո՛, ուղիղ մարդու պատվո խոսք...

— Շնորհակալ եմ:

Իրարու ձեռք սեղմեցինք, համբուրվեցանք և Փանջունի հեծավ իշուն վրա. Մոհամմետ հետևեցավ իր օրինակին: Երկու էշերը իրենց թանկագին բեռներով ճամբա ելան.

— Սալամա՛թ,— գոչեցի,— Աստված հետդ ըլլա:

[38] կաֆ — սխալ, հիմար խոսք:

— Բավական է որ սատանան ինե չբաժնվի,— պատասխանեց Փանջունի։

Ծառին տակ կեցած՝ ընդերկար դիտեցի հեռացող զույգը կամ ավելի ճիշդը երկյակ զույգերը։

Արդեն արևը կը խոնարհիեր դեպի հորիզոնը և շտապեցի գյուղ գիշերը վրա չհասած։

Վեց օր ետքը շավին եկավ զիս գտավ, առանձին անկյուն մը տարավ ու խորհրդավոր ձևով գրպանեն ծալլված թուղթ մը հանեց և ինծի տվավ ու ըսավ.

— Կարդա՛։

Փանջունիեն էր այդ նամակը և կը հայտներ թե ողջ առողջ հասած էր Սինձեր Տաղ եզիտիներու մոտ և կը խնդրեր որ ութը ոսկին հանձնեմ զրաբերին։

Իսկույն դրամը հանձնեցի Մոհամմետի որ զոհունակ դեմքով մը հեռացավ։

Ահա՛ այս հանդիսավոր հանձնառությանս համար էր որ մինչև այսօր չուզեցի բան մը գրել կամ խոսիլ ընկեր Փանջունիի մասին։

Ինչպե՞ս, կ'ըլլա որ այժմ կը խզեմ լռությունս։ Այս ալ բացատրեմ։

Պուքրեշ հասնել ես քանի մը ամիս վերջը, իրազեկ, զրեթե պաշտոնական աղբյուրե իմացա, որ մեր սիրելի հերոս ընկեր Բ.Փանջունի Երևան կը գտնվի[39], թե հո՛ն ընդարձակ հողի վրա եռանդուն՝ զրեթե խելահեղ՝ գործունեության մը ցույց կու տա իբրև պրոփականտի գործավար, թե իր անունը արդեն իսկ տարածված է Պարսից ծոցեն մինչև Մոսկվա ու Էնկյուրիեն մինչև Աֆղանիստանի սահմանները...

Այն ատեն գաղափար մը հղացա. նամակ մը գրել իրեն և խնդրել որ զիս արձակե էլ Պուսերայի դաշտին մեջ տված

---

[39] Ընկեր Բ. Փանջունի Երևան կը գտնվի...— Ե. Օտյանն ի վերջո իր հերոսին տեղափոխել է Երևան, ուր նա, իբր, զբաղվել է պրոպագանդիստական խելահեղ գործունեությամբ։

պատվո խոստումես, թույլատրե իր տարագրության շրջանի գործունեությունը գրի առնել, գոհացում տալու համար այն հազարավոր համակիրներուն և հիացողներուն, որոնք, տարիներե ի վեր, ետևես ինկած են ըսելով.

— Ընկեր Փանջունիեն բան մը պատմե՛ մեզի:

Նամակը գրեցի և երջանիկ եմ ավետելու թե քանի մը օր առաջ պատասխանը ստացա:

Կ'ուզեի այդ պատասխանին բնագիրը ներկայացնել այստեղ, բայց ընկեր Փանջունիի նամակը գրված էր հայկական նոր ոճով, նոր մտածելակերպով, նոր ուղղուգրությամբ, այնպես որ ընթերցողներեն ո՛չ մեկը պիտի կրնար բան մը հասկնալ: Ես «թարգմանելու» համար այդ հայերեն նամակը, ստիպվեցա դիմում ընել մեկ քանի մասնագետներու, որոնք երեք օր երեք գիշեր աշխատելե ետքը, այդ դրության իմաստը հաղորդեցին ինծի, ես ալ ուրեմն ընթերցողներս ուղեղային տագնապի մը չենթարկելու համար, կը բավականանամ այդ իմաստը հաղորդելով իրենց:

Ընկեր Փանջունի իր պատասխան-նամակը կը սկսի զիս որակելով «կեղտոտ բուրժուաների, կապիտալիստների հացկատակ, պնակալեզ և այլն»[40]: Հետո, կը գուժե մահը հին Փանջունիին. «նա մեռած է, նեխած դիակ է, կը գրե, իբրև գիշատիչ ագռավ կամ անգղ, կրնաս զայն ծամել ծամծմել և կուլ տալ, կրնաս այդ դիակը շահագործել, ինչպես որ ուզես, ծաղրիր, հեգնիր քո կարողության չափով, ես այդ մասին շնորհակալ կը լինիմ քեզ: Իսկ գալով նոր Փանջունիին՝ նա շատ ու շատ հեռացած է հեգնանքի, ծաղրանքի, երգիծանքի սահմաններեն. նա այլևս անբռնաբարելի, անխոցելի է. նա սոսկալի է, սարսափելի է, բայց ո՛չ ծաղրելի: Նրան կարող ես ատել, կարող ես նրանից վախենալ, բայց ո՛չ հեգնել»:

Հետո մեր հերոսը կ'ավելցնե.

---

[40] Կը սիրեմ հուսալ որ այդ որակումը ավելի կատակ է քան լուրջ գնահատում:(Ծանոթ. Երվանդ Օտյանի):

«Իմ ժամերը սուղ են, չեմ կարող ավելի երկար գրել, որովհետև լծված եմ մի փրկարար աշխատանքի, ես պետք է քանդեմ հնությունը, հին լեզուն, հին կրոնքը, հին բարքերը, հին օրենքը, հին բարոյականը, հին միտքը, հին ըմբռնումները, հին նախապաշարումները, վերջապես բոլոր հին աշխարհը, նրա ավերակների վրա կանգնեցնելու համար նորը. դա հեշտ գործ չէ: Պիտի կարողանա՛մ անել այդ ամենը, չեմ կարծի: Թերևս հաջողվեմ մի միայն քանդել, այդ արդեն բավարարություն կու տա ինձ: Իմ հաջորդը թող լծվի վերաշինության գործին: Ես վայելում եմ քանդումի հեշտանքը, իմ հաջորդս թո՛ղ կրի վերաշինության տաժանքը...»

Այսպես կը վերջացնե իր նամակը:

Պետք է ընդունիլ որ ընկեր Փանջունի իր հին կորովեն ու պերճախոսութենեն բան մը չէ կորսնցուցած. միակ հնությունը որ իր մեջ անեղծ մնացած է: Էականը այն է որ զիս արձակած է իմ խոստումես և ես այժմ պիտի կրնամ անկաշկանդ պատմել իր տարագրության կյանքը:

ԳԼՈՒԽ Ա.

ՓԱՆՋՈՒՆԻ ԹԱՐՍՈՒՍԻ ՎՐԱՆՆԵՐՈՒՆ ՏԱԿ

Ինչպես ներածությանս մեջ ըսի՝ առաջին անգամ ընկեր Փանջունին տեսա, Պոլսեն աքսորվելես հետո, Թարսուսեն ժամ մը հեռու գտնվող այն ընդարձակ դաշտը ուր 6—7 հազար խեղճ ու կրակ վրաններու ներքև 40— 50 հազար տարագիր հայեր պատսպարված էին:

Հոկտեմբերի առաջին օրերն էր երբ ցերեկ մը լուր

տարածվեցավ թե նոր տարագիրներու կարավան մը կու գար հեռուեն, Գավաքլարի[41] կողմեն.
Կարավանը, փոշի ամպի մը մեջեն, կը հառաջանար կամաց-կամաց, կառքերե, սայլակներե, էշերե. ջորիներե ու հետիոտն ամբոխե մը կազմված: Կես ժամ հետո նորեկներր հասած էին արդեն վրաններուն քով և մենք՝ հետաքրքիր՝ կը դիտեինք ու կը հարցուփորձեինք զիրենք: Էնկյուրիեն[42] կու գային խեղճերը, ամիս մը, ճամբաներուն վրա, անտանելի տառապանքներ կրելե ետքը:

Հանկարծ երիտասարդ մը ուշադրությունս գրավեց:

Ցնցոտիներու մեջ, գրեթե բոպիկ, նիհար, տժգույն, երիթացած[43] դեմքով, Բյուզանդյան հին եկեղեցիներու մեջ նկարված Քրիստոսի մը կը նմաներ: Իր վառվռուն աչքերը, քիթը, մանավանդ դեմքին արտահայտությունը անծանոթ չէին ինծի: Մոտեցա իրեն, ա՛լ ավելի ուշադիր և հանկարծ գոչեցի.

— Փանջունի՛... դո՞ւն ես:

Երեսս նայեցավ, ճանչցավ զիս ու դեմքը ծամածռեց, հետո դժգոհ շեշտով մը ըսավ.

— Դուն ի՞նչ բան ունիս այստեղ:

— Զիս ալ աքսորեցին,— պատասխանեցի:

— Ի՞նչ իրավունքով դուն կ'աքսորվիս,— գոչեց ձայնը բարձրացնելով:

— Չաքսորվեցա, այլ աքսորեցին,— ճշդեցի:

— Դա աններելի է, դա մի անորմալ բան է, դա ստոր շահագործում է,— պոռաց ընկեր Փանջունի բռունցքը սպառնագին շարժելով:

— Բայց եղբայր, ես ի՞նչ հանցանք ունիմ եթե զիս բռնեցին, բանտարկեցին ու աքսորեցին,— դիտել տվի:

— Դուն չպետք էր որ աքսորվեիր, դուն իբրև կեղտոտ

---

[41] Գավաքլար — Պոլսի արվարձաններից մեկը:

[42] Էնկյուրիե — Անկարա:

[43] Երիթացած — քայքայված, խեղճացած:

բուրժուա պետք է մնայիր Պոլսո ապականված մթնոլորտին, ճախճախուտ տարրին մեջ...

— Իմ ալ փափաքս այն էր, բայց ի՛նչ ընեմ, բոնի քշեցին:

— Չպետք էր գայիր, պարտավոր էիր բողոքել...

— Բողոքեցի բայց մտիկ ընող չեղավ... սակայն վերջապես ի՞նչ վնաս ունի իմ աքսոր երթալս:

— Այն վնասը ունի որ դուն ապազային կարող ես շահագործել քու այդ աքսորդ, կարող ես իբրև հերոս ներկայանալ, կարող ես ինքզինքդ մեզի, հեղափոխականներուս հետ, հավասար գծի վրա դնել, վերջապես կարող ես, ամեն կեղտոտություն գործել առիթեն օգտվելու համար...

Հանդարտեցուցի զինքը ըսելով որ երբեք այդպիսի ամբարիշտ մտածում մը չ'անցնիր մտքես, թե երբեք պիտի չփորձեմ աքսորս շահագործել:

Հետո, զինքը առաջնորդեցի բարեկամի մը վրանը, ուր իրեն տեղ մը հայթայթեցինք:

— Իմացա որ ձեր բոլոր աքսորի ընկերները ջարդված են,— ըսի:

— Ամբողջ կազմը փճացած է,— պատասխանեց:

— Իսկ դո՞ւն... ինչպե՛ս եղավ որ ազատեցար:

— Դա մի պարզ հրաշք է:

— Պատմե՛ տեսնենք:

Ու ընկեր Փանջունի պատմեց թե ինչպե՛ս Այաշեն[44] մեկ քանի ընկերներով ճամբա հանված է անորոշ ուղղությամբ, թե ինչպե՛ս ճամբան սոսկալի ջերմ մը ունեցած է ու սայլակին մեջ ինկած է զգայազուրկ և թե ինչպե՛ս աչքերը բանալուն ինքզինք գտած է Էնկյուրի, թուրք հիվանդանոցի մը մեջ, ուր զինքը փոխադրած էին ոստիկանները:

— Ո՛չ մի բժիշկ, ո՛չ մի դեղ, ո՛չ մի դարման տեսա այդտեղ,— ըսավ Փանջունի և այս եղավ իմ փրկությունս:

---

[44]Այաշ — բնակավայր Թուրքիայում: Պոլսահայ մտավորականները տանջամահ են արվել Այաշում և Չանղրիում:

— Ինչո՞ւ համար,— հարցուցի:

— Որովհետև եթե բժիշկ ու դարման ըլլար՝ թերևս շուտով առողջանայի ու զիս նոր կարավանի մը խառնելով տանեին ջարդելու, մինչդեռ այսպես անխնամ մնացած՝ հիվանդությունս տևեց երեք ամիս ու երբ կարողացա հիվանդանոցեն դուրս ելլել, արդեն ջարդի քաղաքականությունը վերջացած էր այդ կողմերը: Գոհացան միայն զիս տարագիրներու մեջ խառնելով ու հոս դրկելով:

Հաջորդ օրերուն շարունակեցինք մեր խոսակցությունը. շատ բաներ ունեինք իրարու ըսելիք, հինեն ու նորեն:

Նշմարեցի որ ընկեր Փանջունիի մեջ փոփոխության մը տեղի ունեցած էր, էվոլուցիա մը, ինչպես ինքն ալ ընդունեց:

— Հիմա ես եղեր եմ ծայրահեղ ուլթրա ապակեդրոնացումի մարդը,— ըսավ:

— Բայց ես կը կարծեի որ քու սկզբունքներդ անփոփոխ ու հաստատ կերպով զամված են գլխուդ մեջ,— դիտել տվի:

— Կյանքի փորձությունը այդ զամերեն մեկ քանին քաշեց հանեց ու անոնց տեղ նոր զամեր զամեց,— պատասխանեց Փանջունի:

— Բայց ի՞նչ է սա ուլթրա ապակեդրոնացում ըսածդ:

— Բացատրեմ, ես հիմա, այս աքսորի տառապանքներուն միջոցին, սա համոզումին եկա թե ամեն հայ անհատ, ինքն իր մեջ, ամբողջություն մըն է և կը ներկայացնէ ամբողջ հայությունը: Ա՛ն, որ ունէ միջոցով կը հաջողի ինքզինք փրկել, փրկած կը լինի նաև ամբողջ հայությունը: Մենք պետք է մեր բոլոր ջանքը կեդրոնացնենք ինքզինքնիս փրկելու, առանց մտածելու կամ աշխատելու ուրիշի մասին: Ահա՛ թե ինչ է ուլթրա ապակեդրոնացումը:

— Մենք ասոր պարզապես եսասիրություն կամ էկոիսմ կ'ըսենք,— դիտել տվի:

— Չէ՛,— գոչեց ընկեր Փանջունի,— էկոիսմ կ'ըլլա այն ատեն երբ իբրև մարդ մեր անձը փրկել ջանանք, բայց երբ իբրև հայ ջանանք փրկել, այն ատեն կը լինի հայրենասիրական գործ, հեղափոխական ակտ:

— Ուրեմն տարագրության մեջ քու հեղափոխական գործունեությունդ պիտի ըլլա՞...

— Նախ իմ անձս փրկել:

— Իսկ հետո՞...

— Հետո՝ ոչինչ... եթե ես հաջողիմ, արդեն իմ պարտականությունս կատարած կը լինեմ և ինծի հետ փրկված կը լինի նաև ամբողջ հայությունը, ինչպես որ քիչ մը առաջ բացատրեցի:

— Հայությունը այս աղետքեն փրկելու այդ ձևը ինծի քիչ մը տարօրինակ կը թվի, մանավանդ հեղափոխական գործիչի մը համար,— դիտել տվի:

— Այո՛, որովհետև քու նեղմիտ, միակողմանի, ավանդամոլ և բուրժուա ուղեղդ չի կրնար հասկնալ թե ի՛նչ կը նշանակե ուլթրա ապակեդրոնացումը:

— Նոր վարկածները դժբախտաբար դժվար կ'ընդունիմ,— պատասխանեցի:

Ուրեմն չ'արժեր քեզի հետ վիճաբանիլ,— ըսավ ընկեր Փանջունի արհամարհոտ շեշտով:

— Այսուհանդերձ շարունակենք մեր խոսքը, թերևս հասկացողության մը կը հասնիմ... այդ նոր սկզբունքը որ ընդունած ես՝ ձեր կուսակցության ծրագի՞րն է:

— Ի՞նչ հիմար խոսքեր կ'ընես,— գոչեց Փանջունի,— եթե մեր կուսակցության ծրագիրը ըլլար, այն ատեն ուլթրա ապակեդրոնացում պիտի չըլլար, մեր կուսակցությունը այլևս գոյություն չունի ինծի համար, այլ կա միայն իմ կուսակցությունս...

— Որ կը բաղկանա միայն քու անձե՞դ:

— Բնականաբար, քանի որ ուլթրա ապակեդրոնացումի վրա հիմնված է:

— Հիմա ամեն բան պարզվեցավ,— պատասխանեցի,— դու այս միջոցիս ուրիշ բան չես խորհիր՝ այլ քու կաշիդ ազատել:

— Ի՛նչ ճղճիմ, ի՛նչ գետնաքարշ, ի՛նչ բուրժուական մեկնաբանություն,— գոչեց Փանջունի դեմքին տալով զզվանքի արտահայտություն մը:

Եվ՝ սրտնեղած՝ հեռացավ քովես:

Քանի մը օր չմոտեցավ ինծի: Սակայն առտու մը ես գացի գտա զինքը:

— Իմացա՞ր որ մեզի խմբովին պիտի քշեն դեպի Օսմանիե,— ըսի:

— Ափսո՛ս, արդեն առաքումները սկսած են,— պատասխանեց ընկճված դեմքով:

— Այո՛, շոգեկառքով օրական հազար հոգի կը փոխադրեն կոր, բայց որովհետև հրաման եկած է որ անմիջապես պարպվին այստեղի տարգիրները, ամենքը միասին ճամբա պիտի հանեն, շոգեկառքը մեկ անգամեն չի կրնար այս բազմությունը փոխադրել, հետևաբար պիտի ստիպվինք կառքով, ձիով ու ոտքով երթալ, անձրևին տակ ու ցեխին մեջ... սա ևս ըսե, որ կառքերն ու ձիերը արդեն վարձված են հարուստ ընտանիքներու կողմե... այս տխուր իրականության հանդեպ ի՞նչ կը խորհի քու ուլթրա ապակեղրոնացման կուսակցությունդ:

— Կատակի ժամանակ չէ,— ըսավ Փանջունի,— դուն ի՞նչ պիտի ընես:

— Ես գաղտնաբար պիտի փախչիմ ու երթամ Թարսուս, ուր արդեն կը գտնվին իմ մեկ քանի բարեկամներս, հոն պիտի ջանամ ծածկվիլ ու օձիքս ձեռք չտալ որչափ կարելի է երկար ժամանակ:

— Ինչպե՞ս պիտի երթաս: Ժամվան մը ճամբա է:

— Վնաս չունի:

— Բայց վրաններու շուրջը զինված պահապաններ կան որոնք հրաման ունին որոշյալ շրջանակեն դուրս ելլող տարագիրներու վրա կրակ ընելու:

— Այդ կարևորություն չունի:

— Ինչպե՞ս կարևորություն չունի, ընդհակառակը շատ մեծ կարևորություն ունի:

— Կարելի է մեկ քանի պահապաններ կաշառել ու վտանգավոր գոտիեն անցնիլ առանց արկածի:

— Մի՞թե հնար է,— գոչեց ընկեր Փանջունի ուրախության փայլակ մը աչքերուն մեջ:

— Ես կաշառելու գործը հանձն կ'առնեմ, դուն կը փափաքի՞ս ինծի ընկերանալու.

— Ի հարկե...

— Ուրեմն այս իրիկուն կը մեկնինք:

Փանջունի ա՛լ օձիքս չթողուց և դիտեցի որ անսովոր հարգանքով մը կը վերաբերվեր հետս և նույնիսկ կը զիջաներ հայտնած կարծիքներուս հավանություն տալու:

Արդարև, իրիկունը, երրորդի մը միջոցով քիչ մը դրամ վճարելով երկու պահապաններու որոնք Թարսուս տանող ճամբուն վրա կը հսկեին, անվտանգ հեռացանք վրաններեն:

Ժամ մը ետք հասանք Ս. Պողոսի ծննդավայրը:

ԳԼՈՒԽ Բ.

ՓԱՆՋՈՒՆԻ ԹԱՐՍՈՒՍԻ ՄԵՋ

— Է՛հ, մենք այստեղ այսպես ձեռները ծալլա՞ծ պիտի նստինք...

Այս հարցումը ուղղեց ինծի երբ 5—6 օրերե ի վեր Թարսուս ապաստանած էինք ու քիչ շատ ապահով կը զգայինք մենք զմեզ:

— Ի՞նչ կ'ուզես որ ընենք,— հարցուցի:

— Մի ունէ բան, մի գործունեության, մի ակտ... պետք է վերջապես ցույց տանք մի կենդանության նշան, ես չեմ կարող ապրել մեռելության մեջ:

— Կարծեմ այս միջոցիս միակ լավագույն բանը որ կրնանք ընել կենդանության նշան չտալն է,— դիտել տվի,— տարրական խոհեմությունը այդ կը պահանջէ:

— Հերն անիծած այդ խոհեմության,— գոչեց Փանջունի,— դա սրբված է մեր բառարաններեն, դա բուրժուազիական բացատրություն է, դա ոչխարային հոգեբանություն է... խոհեմությո՛ւն, հերի՛ք որչափ այդ Մողոքին[45] զոհվեցանք...:

— Բայց վրաններուն տակ, քանի մը օր առաջ, այդպես չէիր խոսեր:

— Վրաններուն տակ տարբեր, հոն գործունեության դաշտ չկար:

— Իսկ հո՞ս...

— Հոս կարելի է ստեղծել... ես այստեղ հանդիպեցա մի քանի ընկերներու. ամենքն ալ լավ տղերք են ու գործելու տրամադիր, պետք է նրանց գործ ստեղծել, գործիքը երբ անգործ մնա, կը ժանգոտի:

— Բայց ի՞նչ գործ կ'ուզես ստեղծել Թարսուսի մեջ,— հարցուցի:

— Երևի այստեղի բոլոր հայերը չեն տարագրված,— շարունակեց

Փանջունի,— մասնավորաբար կեղտոտ բուրժուաները, ջոջ աղաները, կեղեքիչ տզրուկները մի ունէ միջոցով հաջողել են իրենց մորթը փրկել, Թարսուս մնալ ու շարունակել իրենց գործը:

— Բարեբախտություն մըն է այդ՝ քանի որ անոնց օգնությունը այժմ կը հասնի մեզի, պատասխանեցի, օգնություն թե՛ նյութական և թե բարոյական...

— Օգնությո՛ւն, ի՛նչ մուրացկանի բացատրություն է այդ,— գոչեց Փանջունի բորբոքած,— ես և ընկերներս օգնության պետք չունինք, մենք թքել ենք իրենց օգնության վրա, այդ օգնությունը թո՛ղ ձեզի պեսներուն ըլլեն ու դուք գացե՛ք անոնց ոտները լզեցե՛ք:

— Ուրեմն ձեր ուզածը ի՛նչ է:

---

[45] Մողոք — հին աշխարհի աստվածություն, որին մարդկային զոհեր էին մատուցում: Ծանրագին զոհեր պահանջող որևէ երևույթ:

— Մենք մեր իրավունքը կը պահանջենք իրենցմէ և ո՛չ թէ ողորմություն:

— Ի՞նչ իրավունք, ի՞նչ առնելիք ունիք այդ մարդոցմէ,— հարցուցի:

— Մենք կը պահանջենք իրենց փրկագինը,— գոռաց Փանջունի:

— Դո՞ւք փրկեցիք զիրենք տարագրութենէ:

— Իմաստակության պետք չկա: Իրականությունը, փաստը այն է որ մենք լեռնէ լեռ, դաշտէ դաշտ, քաղաքէ քաղաք կը քշվինք, մեր տունն ու տեղը, գործն ու ապրուստը թողած, մինչդեռ իրենք հոս իրենց տուներուն մեջ հանգիստ նստած են, գործերնին կը շարունակեն, դրամ կը շահին... մենք ենք որ իրենց տեղը կը չարչարվինք, ուստի պետք է որ վճարեն իրենց փրկագինը... սա բացարձակ փաստ է:

Տեսա որ անկարելի էր խոսք հասկցնել մեր բարեկամին, ուստի ուզեցի կարճ կապել:

— Լա՛վ,— ըսի,— ըրէ՛ք ինչ որ կ'ուզեք:

— Բնական է որ պիտի ընենք ինչ որ կ'ուզենք,— պատասխանեց Փանջունի,— և ճիշդ ասոր համար է որ եկա քեզի մոտ խոսակցելու:

— Ես իմ կարծիքս հայտնեցի և նորեն կը կրկնեմ, բնավ խոհեմություն չեմ համարեր ձեր այդ ընթացքը, նույնիսկ կարծեմ թէ շատ վտանգավոր կրնա ըլլալ, ամենուս համար, այդ ուղղությամբ ոևէ գործողության:

— Բայց ես քու կարծիքդ առնելու չեմ եկած բնավ:

— Ուրեմն ի՞նչ է այցելությանդ նպատակը:

— Դու կը ճանչնաս և հարաբերություն ունիս հոս մնացող ջոջ հայ աղաներուն հետ, այնպես չէ՞:

— Այսինքն, քանի մը անգամ առիթ ունեցա հետերնին տեսնվելու:

— Եվ իբրև միևնույն խմորէ մարդիկ, իրարու վրա վստահություն ունեցաք,— ըսավ Փանջունի արհամարհոտ շեշտով մը:

— Այսինքն պետք է ըսեմ որ ինծի լաւ ընդունելութիւն մը ըրին։

— Ատոր համար քեզ չեմ շնորհավորել։

— Ինչպես որ կ'ուզես, բայց վերջապես ի՞նչ է միտքդ այն բացատրէ,— ըսի անհամբեր։

— Ես իմ ընկերներուս կողմէ իբրև լիազոր եկած եմ քու մոտդ,— բացատրեց Փանջունի,— ինծի պաշտոն տրված է քենէ պահանջելու որ երթաս այդ ջոջ սպաները տեսնես և իրենց հայտնես մեր կամքը։

— Այսինքն կ'ուզե՞ք որ իբրև միջնորդ ծառայեմ ձեր ու անոնց մեջ։

— Բնա՛վ երբեք... միջնորդի խնդիր չկա։

— Հապա ուրե՞մն։

— Պարզապես մեր կողմեն պիտի երթաս ու մեր կամքը պիտի պարտադրես իրենց։

— Ո՛չ այդ առաջարկությունը դուն ինծի ըրած եղիր և ո՛չ ալ ես լսած,— պատասխանեցի։

— Ինչո՞ւ համար։

— Որովհետև բացարձակապես կը մերժեմ այդպիսի դիմում մը ընել։

— Կը վախնա՞ս գեշ մարդ ըլլալ այդ կեղտոտ արարածներուն հետ,— ըսավ Փանջունի հեգնական ձևով մը։

— Կը վախնամ շատ գեշ ծառայություն մը մատուցած ըլլալ ձեզի։

Փանջունի չպատասխանեց։ Պահ մը լուռ մնաց և դժգոհ դեմք մը առավ։ Կ'երևար որ ամբողջ հույսը իմ վրաս դրած էր։ Ես ամենեն առաջ խզեցի լռությունը։

— Կը տեսնեմ որ շատ շուտով մոռցար,— ըսի,— նոր ուղղությունդ զոր ինծի պարզեցիր վրաններուն տակ գտնված ատեննիս։

— Ի՞նչ բանի կ'ակնարկես,— հարցուց Փանջունի։

— Ուլթրա ապակենդրոնացումին... հիմա կը տեսնամ որ ընկերներով կը գործես կրկին, ինչ որ ուրացումն է քու նոր ուղղությանդ։

— Բայց ընկերներս ալ ապակեդրոնացումով կը գործեն:

— Այն ատեն այդ հավաքական դիմումը ի՞նչ պիտի ըլլա... դուն քեզի հետ տրամաբանական ըլլալու համար պետք էր որ ջոջ աղաներեն պահանջումդ անհատաբար կատարեիր առանց ընկերներու օժանդակության:

— Ես հոս չեմ եկած դասախոսություն լսելու,— պատասխանեց Փանջունի ու ոտքի ելավ:

— Հավատա՛ որ քեզ վիրավորելու համար չըրի այդ դիտողությունը,— ըսի:

— Քո խոսքերը երբեք չեն կրնար զիս վիրավորել,— պատասխանեց Փանջունի,— գիտեմ անոնց իրական արժեքը:

— Այսինքն զրո,— ըսի խնդալով:

— Քիչ մըն ալ պակաս,— ավելցուց Փանջունի:

— Քանի որ այդպես է, թույլ տուր որ խոսք մըն ալ ըսեմ ու հետո գնա՛:

— Պայմանավ որ կարճ ըլլա ալդ խոսքը:

— Շատ կարճ է ըսելիքս... դու և ընկերներդ հրաժարեցե՛ք ձեր թարսույան գործունեութենեն:

— Եվ եթե չհրաժարինք,— ըսավ Փանջունի շեշտակի աչքերուս մեջ նայելով,— սպառնալի՞ք մը կ'ընես մեզի:

— Քավ լիցի,— գոչեցի,— պարզ բարեկամական խորհուրդ մըն է որ տալ ուզեցի:

— Խորհուրդի ժամանակ չէ, այլ գործելու,— ըսավ Փանջունի և ոտքի ելլելով մեկնեցավ:

Մոռցած էր մնաս բարով ըսելու:

Փանջունի տեղացի հույնի մը տան մեջ, քաղաքին ծայրը, սենյակ մը վարձած էր, կամ ավելի ճիշդը սենյակի մը մեկ անկյունը, որովհետև միևնույն տեղը ապաստանած էին նաև վրաններեն փախչող 8—10 երիտասարդներ: Այդ երիտասարդները ամենքն ալ ծանոթներ էին ընկեր Փանշունիի, մեկ քանին իրեն նախկին գործակիցները, որոնք ամենքն ալ այժմ բոլորված էին իրեն շուրջը, դիպվածով իրենց հրամանատարը գտնող դասալիք զինվորներու պես:

Փանջունի այդ խմբակին մեջ վերստացած էր հին օրերու կորովը, հանդգնությունը ու պայքարող նկարագիրը:

Իրենցմե քիչ մը անդին ուրիշ տան մը մեջ ալ 5—6 երիտասարդներ խմբված էին: Այդ երկու խումբերը ամենօրյա հարաբերություններ կը մշակեին իրարու հետ, ծրագիրներ կը պատրաստեին: Հա՞րկ է ըսել որ զիրենք ներշնչող ոգին Փանջունին էր:

Այժմ ինք կը դավաներ թե ուժերու միացումով կարելի էր մեծ գործ մը տեսնել: Այդ մեծ գործը նախ և առաջ տարագրության ցանցերեն փրկվիլն էր, ինչպես օր մը բացատրեց ինծի: Կը զգար որ Թարսուսի մեջ պիտի չկրնային երկար ատեն ծածկված մնալ և թե պիտի ստիպվեին կրկին անձանոթ ուղղությամբ քշվիլ:

— Այդ պատահականության առաջքը պետք է առնել,— ըսավ:

— Ինչպե՞ս կարելի է:

— Շատ հեշտ կերպով,— պատասխանեց,— բավ է որ քիչ մը հանդգնություն և շատ դրամ ունենանք,— պատասխանեց:— Հանդգնությունը չի պակսիր մեր քով, միայն թե...

— Դրամը կը պակսի,— վրա բերի:

— Մենք դրամ չունինք բայց ուրիշները ունին և այս պարագային ունեցողները պետք է տան չունեցողներուն:

— Ենթադրենք որ տվին, ի՞նչ է տեսնենք ծրագիրդ:

— Բացատրեմ, պայմանավ որ բացարձակապես գաղտնի պահես երբ չես ուզեր որ գլուխդ փորձանք գա:

— Առանց այդ սպառնալիքին ալ գիտեմ գաղտնիք պահել,— պատասխանեցի:

— Մենք այժմ 18 հոգի ենք, ըսավ, որ հանձն առած ենք ամեն բանի տոկալով մեր ծրագիրը գործադրել: Այսօր եթե դրամ ունենանք, վաղը ճամբա պիտի ելլենք:

— Դեպի ո՞ւր...

— Նախ ասկե պիտի գնենք զենք, չվան, տապար, սղոց, ուրագ և ուրիշ անհրաժեշտ գործիքներ... մեր ընկերներեն մեկ քանին շատ լավ գիտեն Մերսինի[46] շրջակաները, ասկե պիտի երթանք դեպի այդ շրջակաները գտնված ծովեզերյա անտառ մը, բնական է որ հետերնիս պիտի ունենանք ուտելիքի պաշար, հոն ծառեր պիտի կտրենք, պիտի աղոցենք, փայտերը իրար կապենք ու խոշոր լաստ մը շինենք: Այդ լաստը պիտի իջեցնենք ծով, պիտի ելլենք լաստին վրա, ու լաստը պիտի ուղղենք շիտակ դեպի Կիպրոս, որուն լեռները կ'երևան եղեր Մերսինի ծովեզերքեն... անգամ մը որ ոտքերնիս դնենք ազատ հողի վրա, այն ատեն կը պատրաստենք գործունեության նոր ծրագիր ապագայի մասին...

— Սքանչելի՛, բայց վտանգավոր ու չափազանց արկածախնդրական,— դիտել տվի:

— Ինչ որ բուրժուային համար վտանգավոր ու արկածախնդրական է, հեղափոխականին համար անվտանգ ու ամենապարզ բան է:

— Կը հավատամ ու կը խոստովանիմ,— ըսի:— Ե՞րբ կը գործադրեք այդ ծրագիրը:

— Երբ բավականաչափ փող ունենանք:

— Հաջողություն ուրեմն:

Քանի մը օր ետքը անուղղակի կերպով իմացա որ Փանջունի ու իր ընկերներեն ոմանք սկսած էին տեղացի հայերեն դրամ պահանջել մերթ խնդրանքի ձևով, մերթ սպառնալիքով ու մերթ ալ ազգային գերագույն շահերու անունով:

Այդ ձեռնարկը քիչ շատ հսկողություն գտած էր և օր մը երբ Փանջունիին սենյակը գացի տեսա, որ անկյունը մեկ քանի սղոց, ուրագ ևն. դրված էին:

— Ուրեմն ձեր ծրագիրը իրագործվելու մոտ է,— ըսի կամաց մը ականջին:

— Երեք օրեն ճամբա կ'ելլանք,— պատասխանեց:

[46] Մերսին — քաղաք Կիլիկիայում:

— Ճիշդ ատենն է մեկնելու,— դիտել տվի,— որովհետև խստությունները ավելցած են, տեղացիներու բոլոր տուները պիտի խուզարկվին, ասկէ զատ կառավարությունը վաղը մյուս օր հայտարարություն պիտի ընէ թէ որուն տունը որ հայ գտնվի ինքն ալ միասին պիտի աքսորվի... շատ տեղացիներ արդեն բռնի կը հանեն կոր իրենց տունը գտնվող հայերը...

— Ուրեմն դուն ի՞նչ պիտի ընես,— հարցուց Փանջունի:

— Ես պիտի վերադառնամ վրանները...

— Բայց դեպի մահ կը դիմես այդպես:

— Ի՛նչ ընեմ, ուրիշ ճար չունիմ, ճակատագիրս ինչ որ է այն կ'ըլլա:

— Զորավոր հեղափոխական մարդը կը հակազդէ ճակատագրին... բայց կը զգամ որ դուք անկարող եք ոևէ բանի, շիղ չունիք, կազմակերպական ուժ չունիք, որոշ ծրագիր չունիք... թուլամորթներ եք պարզապես, թուլամորթներ... տեսէ՛ք մենք ինչպես շուտ մը կրցանք կազմակերպվիլ. նույնիսկ այս աննպաստ պայմաններուն մեջ:

Երկու օր ետքը արդարև ստիպվեցա թողուլ Թարսուսը և երթալ վրանները, ուր երեք օր մնալէ ետքը առտու մըն ալ եկան քակեցին ամեն բան ու մեզ ստիպեցին անմիջապես ճամբա ելլելու դեպի Օսմանիէ:

Փանջունի ու իր ընկերները մեզի հետ չէին: Ինչպես իմացա՝ ինէ երկու օր ետքը Թարսուսեն եկող մեկ քանի ծանոթներէ, անոնք գիշեր մը փախուստ տված էին քաղաքեն, դեպի Մերսին:

Մինչ աքսորականներու կարավանը Օսմանիէ հասնելեն ետքը ճամբան շարունակեց, ես ու քանի մը ընկերներ հաջողեցանք մտնել քաղաք, բաժնվիլ կարավանեն ու մնալ հոն տասը օրի չափ, մեկ քանի ոստիկաններ ու սևքիաթի պաշտոնյան[47] կաշառելով:

---

[47] Սևքիաթի պաշտոնյա — տեղահանության, տարագրության պաշտոնյա:

Առտու մըն ալ մեկ քանի կառքերով ճամբա ելանք դեպի Իսլահիե:

Երկու օր ճամբորդելե ետքը, իրիկուն մը, երբ ժամ մը մնացած էր Իսլահիե հասնելու՝ հեռուն ճամբուն վրա, ծառի մը տակ, տեսա առանձին մարդ մը որ ծրարը բացած՝ ձիթապտուղ, հաց ու պանիր կ'ուտեր:

— Բայց այս մարդը Փանջունին է,— գոչեց կառքին մեջ քովս նստող բարեկամս:

— Անկարելի է, Փանջունին հոս ի՛նչ գործ ունի,— պատասխանեցի.

— Գրավ կը դնեմ որ ինքն է,— պնդեց:

Կառքը կեցուցինք և ուշադիր նայեցանք կրկին:

Այո՛, նույն ինքն էր: Իսկույն վար ցատքեցի ու փութացի իրեն քով.— Փանջունի, ի՞նչ բան ունիս հոս առանձին,— գոչեցի,— ո՞ւր են ընկերներդ:

— Ուլթրա ապակեդրոնացում, հո՛ն է մեր փրկությունը,— ըսավ Փանջունի: հետո ավելցուց.

— Կառքիդ մեջ տեղ ունի՞ս:

— Հրամմե՛:

Ու միասին դարձանք մեր կառքը:

ԳԼՈՒԽ Գ.

ՏԽՈՒՐ ՈԴԻՍԱԿԱՆ ՄԸ

Երբ ընկեր Փանջունին առինք մեր կառքը, գեշ աղեկ տեղավորվեցանք ու ճամբա ելանք դեպի Իսլահիե, որուն ցածուկ և խրճթաձև տուները արդեն կը տեսնվեին. ըսի մեր խանդավառ բարեկամին:

— Հիմա պատմէ՛ տեսնենք ձեր փախուստը Թարսուսէն դէպի Կիպրոս՝ լաստի՛ մը վրա:

— Տխո՛ւր, տխո՛ւր,— պատասխանեց մեր բարեկամը գլուխը երերցնելով:

— Մեր այս տառապալից գնացքին մեջ արդեն զվարթ բաներու ակնկալությունը պետք չէ որ ունենանք, կ'ենթադրեմ որ ձեր ծրագիրը ջուրը ինկավ տակավին լաստը ջուրը չիջեցուցած: Արդեն, խոսքը մեջերնիս, այդ ծրագիրը պարզապես հիմարական էր, չըսելու համար ավելի ծանր ածական մը:

— Ծրագիրը հիանալի,— գոչեց Փանջունի,— և քու գործածած բառդ շատ ճիշդ է, այո՛, հիմարական, այսինքն հանդուգն, անսովոր, բարձր, վսեմ, բոլոր այն արարքներուն պես, որոնք հիմարական կ'որակվին կեղտոտ բուրժուաներու կողմէ, որոնցմով սակայն կարելի է միայն գետնաքարշ տափակություններէ վեր բարձրանալ և իրապես մեծ գործեր տեսնել... աշխարհի մեջ հիմարություններով միայն կարելի եղած է նոր կյանք ստեղծել... պետք է որ դն ըլլա մեր ներսիդին որպեսզի կարենանք աստվածային գործեր տեսնել. «Դն զոյ ի նմա»[48] կ'ըսեին Հիսուսի համար ալ որ՝ մարդկությունը հեղաշրջեց:

— Սքանչելի կը խոսիս, միայն թե հիմարությունը այդ բարձրության

հասնելու համար հսկողություն պետք է ունենա իրեն հետ,— դիտել տվի:

— Դա ոչինչ, հաջողությունը դիպվածական բան մըն է:

— Եվ սակայն ամենեն էական բանն է:

— Եթե մենք չհաջողեցանք Կիպրոս երթալ հանցանքը ծրագրին չէր, այլ մեր ընկերներուն խաբեբայության, վատության և դասալքության... ափսո՛ս որ հին խմորէ գործիչներ չմնացին... կամ ավելի ճիշդը, այս տարագրությունը ապականեց մեր տղերքը:

---

[48]«Դն զոյ ի նմա»—«Դն կա նրա մեջ»:

— Հիմա որ բուն նյութին մոտեցանք, ա՛լ ժամանակ է որ մանրամասնորեն պատմես ձեր արկածախնդրական ճամբորդությունը դեպի Մերսին,— ըսի:

— Ամեն բան հիանալի կերպով կազմակերպված էր,— սկսավ պատմել Փանջունի,— չափված, ձևված և կշռված, որովհետև ամբողջ գիշերներ լուսցուցած էինք մեր ծրագիրը մշակելու համար: Մեր խումբը տասներկու ընկերներէ կը բաղկանար, որոնց մեջ կային փայտահատ, ատաղձագործ, դարբին, երկաթագործ և նույնիսկ նավապետ ալ...

— Նավապե՛տ,— գոչեցի զարմացած:

— Գոնէ այս տիտղոսը կը կրեր. Քափթան[49] Համբար, կարծեմ ձկնորսի նավակ մը ունի եղեր Իզմիթ:

— Հիմա խնդիրը պարզվեցավ, շարունակե՛ ուրեմն:

— Մեզի հետ առած էինք բոլոր անհրաժեշտ գործիքները, տապար, սղոց, ուրագ, չվան, գամ, մուրճ ևն., նաև ունեինք բավականաչափ զենք ինքնապաշտպանության և դիմադրության համար, ուտեստեղեն ու պատրաստ դրամ: Ամեն ընկեր հավասար չափով բեռնավորված՝ գիշեր ժամանակ՝ առանձին-առանձին ճամբա ելանք նախապես որոշված տեղ մը իրարու միանալու համար:

— Դու ի՞նչ բեռ առած էիր:

— Ես ոչինչ, ես խումբին պետն էի:

— Իսկ պատրաստի դրամը որո՞ւն քով կը մնար,— հետաքրքրվեցա:

— Գանձապետին քով,— պատասխանեց Փանջունի:

— Ո՞վ էր գանձապետը:

— Ես...

— Շարունակեցե՛ք ձեր պատմությունը:

— Ակիզբները ամեն բան շատ լավ անցավ: Ամբողջ գիշերը քալեցինք զվարթ տրամադրության տակ, տղերքը ոգևորված էին և իրենց հոգեկան դրությունը շատ ուժեղ: Ես ալ իմ կողմես կ'աշխատեի իրենց կորովը բարձր պահել, կը

---

[49] Քափթան — կապիտան, նավապետ:

բացատրեի թե մեր այս ձեռնարկը տակավին առաջին քայլն էր և թե բո՛ւն մեր գործունեությունը պիտի սկսեր երբոր Կիպրոս հասնեինք։ Իմ դիտավորությունս էր Կիպրոսի մեջ կազմել մի իսկա զանգվածային խումբ, դիմել անգլիացիներու օժանդակությանը, մարզել և կազմ ու պատրաստ գտնվիլ առաջին առթիվ արշավելու համար դեպի երկիր։ Տղերքը կը խանդավառվեին այս հեռապատկերով, ամենքը պատրաստակամություն կը հայտնեին կռվելու, Քափթան Համբար արդեն իսկ ինքզինքը մեր ապագա բանակին հրամանատարներեն կը նկատեր. «Ես Պալքաննկրու պատերազմին գացած եմ և չավուշի[50] աստիճան ունիմ»,— կ'ըսեր։ Երբ արշալույսը ծագեց՝ ծառաստան՝ մը հասած էինք։ Տեղը ամայի էր ու հանգչելու հարմար։ Որոշած էինք ցերեկները ծածկված մնալ և գիշերները ճամբանիս շարունակել։ Չափազանց հոգնած էինք, տղերքը և ես քիչ մը բան կերանք ու պառկեցանք ծառերու շուքին ներքև։

— Բայց ծովուն արդեն մոտեցած էիք,— դիտել տվի։

— Դեռ մի օրվա ճանապարհ ունեինք, բայց հեռուեն կը տեսնեինք Մերսինը. բայց մենք կ՝ուզեինք քաղաքին չմոտենալ և մեր ճամբան երկարել դեպի արևմուտք, ամայի վայրեր՝ ուր պիտի կրնայինք հանգիստ մեր աշխատության նվիրվիլ։ Մի քանի ժամ քնանալե ետքը երբ արթնցանք տեսանք որ մեր ընկերներեն երեքը չկային։

— Ինչպե՞ս,— գոչեցի զարմացած։

— Այո , չկային,— ըսավ Փանջունի։— Սկսանք փնտռել հոս ու հոն բայց ի զո՛ւր, անհայտ եղած էին իրենց բեռնովը... մեր ընկերներեն մին ըսավ որ ինք արդեն գիտեր թե այսպես պիտի ըլլար, թե այդ երեք տղաքը առաջին վայրկյանեն հուսահատած էին, թե կը խորհեին Թարսուս վերադառնալ կամ Մերսին երթալ։ «Քանի որ անոնք իրենց մեջ չեն զգար պայքարի ուժը՝ լավագույն է որ հեռանան, թուլամորթները

---

[50] Չավուշ — տասնապետ։

դուրս մեր շարքերեն»,— վճռեցի։ Այսուհանդերձ այս դասալքությունը վատ տպավորություն հառաջ բերավ, մանավանդ որ, իրենց հետ տարած էին մի կարգ անհրաժեշտ գործիքներ։ Երբ մութը կոխեց, կրկին ճամբա ելանք։ Ես և Քափթան Համբար առջևեն կը քալեինք ու տղերքը կը հետևեին մեզի։ Մի քանի ժամե ի վեր կը քալեինք երբ տղերքներեն մեկը մոտեցավ ինձի և ըսավ. «Սիմոնն ու Գեորգն ալ անհայտ եղան»։

— Ինչպե՞ս անհայտ եղան,— գոչեցի։

— Ամենեն ետևը մնացած էին, մեյ մ'ալ նայեցանք որ չկան. Սիմոնը արդեն մյուս ընկերներուն անհայտ ըլլալեն ի վեր ինքն ալ միտքը փոխած էր և կ'ուզեր Մերսին երթալ, կ'երևա որ Գեորգն ալ համոզեր է...

— Կորչին դասալիքներն ու թուլամորթները և թո'ղ մեր շարքերը մաքրագործվին,— գոչեցի։

Բայց դրությունը կրիտիկական կը դառնար։ Սիմոն և Գեորգ իրենց հետ ունեին մեր ուտելիքի բոլոր պաշարը։

— Հիմա որ ուտելիք չունինք ի՞նչ պիտի ընենք,— հարցուցի Քափթանին։

— Դրամ կա՞,— ըսավ։

— Դրամ կա,— պատասխանեցի։

— Եթե դրամ կա, հոգ մի՛ ըներ,— ըսավ Քափթան։

Այս խոսքերը հուսադրեցին ինձ։ Ցոթը ընկեր մնացած էինք։ Շարունակեցինք մեր ճամբան մինչև որ ա՛լ քալելու կարողություն չմնաց ու կոկին պսակեցանք ծառերու ներքև։ Քափթան իմ քովես չուզեց բաժնվիլ ու իրարու մոտ քնացանք։

— Եվ երբ արթնցանք, մեկ քանի ընկերներ ալ պակսած էին,— ըսի խնդալով։

— Ափսո՛ս,— գոչեց ընկեր Փանջունի,— այո՛, երկու ընկերներ ալ անհայտացեր էին...

— Եվ իրենց բեռներն ալ միասին անշուշտ։

— Այո՛, իրենց բեռներով...

— Կը տեսնամ որ շարքերը շատ արագ կերպով մաքրագործվեր են։

— Ալ հիմա մեր ծրագիրը անգործադրելի դարձած էր։ Ժողվեցի մնացած չորս ընկերները կացության մասին խորհրդակցելու համար։ Խորհրդակցությունը շատ երկար չտևեց։ Երեք տղերքը հայտարարեցին որ իրենք արդեն որոշած են վերադառնալ Թարսուս, քանի որ այլևս ո՛չ ուտելիք մնացած է և ո՛չ ալ գործիք մեր ծրագիրը իրագործելու համար։ Բայց ահա Քափթան Համբար ձայն բարձրացուց և ըսավ. «Ո՛վ որ կ'ուզէ թող երթա, ես ու պարոն Փանջունի կը մնանք և մեր որոշումը կը գործադրենք»։ Ես այդ վայրկյանին թե՛ կը զարմանայի և թե կը հիանայի Քափթանին վրա.... Տղերքը կ'ուզեին անպատճառ վերադառնալ, Քափթան Համբար որ գետինը նստած էր, կռնակը ծառի մը կոճղին տված, ոտքի ելավ ու բորբոքած շեշտով՝ այսպես խոսեցավ.

— Գացե՛ք ուր որ կ'ուզեք... ես կը մնամ ընկեր Փանջունիին քով, ես խոսք տված եմ անոր ու խոսքս ետ չեմ կրնար առնել, ես կարդացած, գիտուն մարդ չեմ, բայց պատվավոր մարդ եմ, երբ խոսք մը տամ, այդ խոսքին համար կը մեռնիմ։ Մենք որոշեցինք Կիպրոս երթալ և պիտի երթանք...

Ես թեև ներքնապես կը խորհեի թե լավագույն էր տղերքներուն հետ դառնալ Թարսուս, բայց Քափթանին խոսքերեն ետքը չէի համարձակեր այդպիսի գաղափար մը հայտնել։

Երեք ընկերները ամոթահար և գլխիկոր հեռացան։ Երբ առանձին մնացինք՝ ըսի Քափթանին.

— Հիմակ որ ո՛չ մարդ ունինք, ո՛չ գործիք և ո՛չ ալ ուտելիք, ինչպե՞ս կ'ուզես որ մեր լաստը շինենք ու Կիպրոս երթանք։

— Ես մարդ ալ կը գտնամ, գործիք ալ կը գտնամ, ուտելիք ալ կը գտնամ,— պատասխանեց,— բայց նախ ուտելիքը ճարենք... հեռուն գյուղ մը կը նշմարեմ կոր, դուն hոս ինծի սպասե՛, ես մինչև հոն երթամ ու մեզի ուտելիք ճարեմ:

— Լավ.— պատասխանեցի:

Քափթանը հեռացավ և երկու ժամեն վերադարձավ ո՛չ միայն ուտելիք բերելով հետը, այլ նաև օղի և ծխախոտ: Կերանք խմեցինք և պատրաստվեցանք պառկելու:

— Վաղը Մերսին կ'երթամ, ես հոն ծանոթներ ունիմ, թե՛ մարդ կը գտնամ քեզի և թե գործիք,— ըսավ Քափթան:

Քնացած տեղս հանկարծ արթնցա, զգացի որ մեկը գրպաններս կը խառներ և տեսա որ Քափթանն էր:

— Ի՞նչ է այդ, Քափթա՛ն Համբար,— գոչեցի:

— Լռե՛,— պատասխանեց,— հիմա գլուխդ կը ջախջախեմ:

Եվ ցույց տվավ ըևվոլվերը: Ես ալ փորձեցի բանթալոնիս ետևի գրպանեն ըևվոլվերս հանել. Քափթան խնդաց և ըսավ.

— Պարապ տեղը մի՛ փնտռեր, ըևվոլվերդ առած եմ գրպանեդ:

Այսպես ուրեմն զինաթափ եղած էի և ընդդիմության ու ինքնապաշտպանության միջոց չունեի: Քափթան առավ քովս գտնված դրամները և արագ հեռացավ անորոշ ուղղությամբ: Իսկ ես, գրեթե անոթի ծարավ, հազիվ կրցա ինքզինքս Թարսուս նետել, ուրկե ստիպվեցա խույս տալ ու օրերով քալելե ետքը հասա այստեղ: Ահա՛ իմ պատմությունս:

— Անցած ըլլա,— պատասխանեցի:

Հինգ վայրկյան ետքը մեր կառքը հասած էր Իսլահիե:

ԳԼՈՒԽ Դ.

ԸՆԿԵՐ ՓԱՆՋՈՒՆԻ ՀԱԼԵՊԻ ՄԵՋ

Բախտը այնպես, ուզեց որ Իսլահիեր մեջ ընկեր Փանջունին կորսնցնեմ, հետո նույն բախտը, կամ թերևս ուրիշ բախտ մը, այնպես տնօրինեց որ զայն վերստին գտնեմ Հալեպի մեջ։

Առաջին անգամ զինքը տեսա հայոց եկեղեցիին մեջ։ Իր շուրջը հավաքված էին 10—12 տարագիրներ, խեղճ, թշվառ, հյուծած երիթացած վիճակի մեջ։ Մարդկային կմախքներու երևույթը ունեին, մարդիկ որոնք գերեզմանեն փախած են, ինչպես կ'ըսէ ժողովուրդը իր նկարեղ բացատրությամբ։

Ընկեր Փանջունի բորբոքած երևույթ մը ուներ ու կը խոսեր անոնց բարձր ձայնով, սրտմտած շեշտով։ Քանի մը բառեր ականջիս հասան.

— Չպետք է հանդուրժել, չպետք է խոնարհվել, պետք է բողոքել, պետք է բռունցք ցույց տալ, կը պոռար շարժումը միացնելով խոսքին և բռունցքը սպառնական ուղղելով դեպի երկինք։

Հետաքրքիր, մոտեցա խումբին։

Փանջունի կը շարունակեր պոռալ.

— Քանի որ նրանք չեն ուզեր իրենց պարտականությունը ճանաչել, քանի որ նրանք կը հեգնեն ժողովուրդի տառապանքը, քանի որ նրանք իրենց պաշտոնի գիտակցությունը կորսնցուցած են, քանի որ նրանք ձեզ սովի կը մատնեն, այլևս չպետք է գլուխ ծռել, պետք է ծառանալ, կռվել, պայքարել... ոչխարամիտ համակերպության դարերը անցեր են այլևս, կղերականությունը չի կրնար խեղդել ժողովուրդի արդար իրավունքը, պետք է նրանց գլուխը ջախջախել ձեր ոտքերի տակ...

Այս մարտաշունչ հրավերը կ'ուղղվեր մարդոց որոնք

ոտքի վրա կենալու կարողություն չունեին: Իրենցմե մեկ քանին երկու կիներ նշմարեցին որոնք դեպի փողոց կը դիմեին ու անոնց ետևեն վազեցին, հավանորեն նպաստ մը խնդրելու համար: Երկուքը հեռացան ըսելով.

— Ասանկ խոսքեր շատ ենք լսեր, ասոնք փոր չեն կշտացներ, երթանք մեր գլխուն ճարը նայինք...

— Մինչև որ դուք ձեր սեփական ուժերով ձեր իրավունքը չպաշտպանեք՝ ո՛չ ոք ձեզ օգնության կը հասնի,— շարունակեց Փանջունի,— պետք է ուժ ցույց տալ այդ վատերին...

— Բայց մենք ուժ չունինք,— համարձակեցավ դիտել տալ իրենցմե մին:

Եթե ուժ չունիս՝ մեռի՛ր,— գոչեց Փանջունի,– այն որ տկար է, իրավունք չունի ապրելու:

Մարդը տխրությամբ գլուխը օրորեց ու համրաքայլ հեռացավ:

— Դուն մեզի պիտի կրնա՞ս քանի մը դրուշ տալ որպեսզի քիչ մը հաց առնենք և ուտենք,– ըսավ ուրիշ մը խոսքը ճառախոսին ուղղելով:

— Այդ քու ըսածդ պալեաթիվ միջոց մըն է,— պատասխանեց Փանջունի,— հարցը պետք է լուծել հիմնական կերպով, հիմա եթե կշտանաք՝ վաղը կրկին պիտի անոթենաք ու պիտի ստիպվիք դարձյալ հաց փնտռել... դա գիտակից մարդու գործ չէ... քալեցե՛ք դեպի վերջնական նպատակը...

— Պարոն, քալելու կարողություննիս չմնաց,— պատասխանեց ներկա մը:

Փանջունի այդ դիտողությունը չլսել ձևացուց և շարունակեց.

— Քալեցե՛ք դեպի հոն, ուր ձեր արդար իրավունքի հիմերը պիտի հաստատեք անկործանելի կերպով: Դուք պետք է աշխատիք ո՛չ թե ձեր այսօրվան հացը ապահովելու, այլ մինչև ձեր մահը անոթի չմնալու համար, «զհաց մեր հանապազօր տո՛ւր մեզ այսօր»—ը մուրացկանի վարդապետություն է. կղերականության դժոխային դավն է պրոլետարիատի դեմ սարքված, «զիաց մեր կը պահանջենք մինչև մեր մահը, անկէ վերջն ալ մեր զավակներուն համար»: Ահա՛ նոր հայր մերը, պրոլետարիատի իսկական հայր մերը:

Հազիվ թե Փանջունի այս պերճախոս բառերը արտասանած էր, եկեղեցիի փողոցի դրան քով կեցող անձ մը գոչեց.

— Տղա՛ք, ոստիկան կու գա կոր...

Այս ազդարարությունը մոգական արդյունք մը ունեցավ: Խումբը ցիրուցան եղավ, իսկ ես ու Փանջունի ապաստանեցանք եկեղեցին մինչև վտանգին անցնիլը:

Երբ ոստիկանը անհայտացավ, դուրս սպրդեցանք եկեղեցիեն և ուղղվեցանք մոտակա սրճարան մը, ուր հարաբերաբար կրնայինք զմեզ ապահովության մեջ զգալ:

Առաջին բանը որ աչքիս զարկավ Իսլահիեեն ետքը՝ Փանջունիի կրած կերպարանափոխությունը էր: Գրեթե նոր հագուստ մը հագած էր և հայտնի կը տեսնվեր որ նյութական լավագույն պայմաններու ներքև կը գտնվեր:

Քանի մը բառով բացատրեց կացությունը:

Հալեպի տեղացիներուն մեջ գտած էր կուսակցական ընկերներ, որոնք լսած ըլլալով իր համբավը, փայլուն ընդունելություն մը ըրած էին իրեն: Ո՛չ միայն հագուստ և դրամ տված, էին, այլ նաև, ինչպես որ ամենեն կարևորն էր այդ սարսափի օրերուն, իրեն սենյակ մը ապահոված էին:

— Ուրեմն կրկի՞ն վերջացավ ուլթրա ապակեդրոնացումը,— հարցուցի:

— Իհարկե,— պատասխանեց,— հիմա կրկին ընկերային շրջանակի մեջ եմ...

— Եվ քեզի եղած ասպնջականության [51] փոխարեն ստիպված ես անոնց հետ գործել:

— Որոշ չափով:

— Հիմա ըմբռնեցի թե ինչո՛ւ մարտակոչ

[51] Ասպնջականաթյուն — հյուրընկալություն:

ճառախոսություն մը կ'ընեիր քիչ մը առաջ եկեղեցիին բակը, այդ խեղճ անոթիներուն:

— Իհարկե մեր պրոփականտը պետք է առաջ տանինք, ամեն տեղ, ամեն ժամանակ և ամեն կացության մեջ,— պատասխանեց ընկեր Փանջունի:

— Նույնիսկ երբ այդ կացությունը բացառիկ հանգամա՞նք մը ունի,— դիտել տվի,— ինչպես ներկա պարագային:

— Ճշմարիտ հեղափոխականը պետք է իրականության, դեպքերու կապանքներեն դուրս ապրի, նա պետք է մնա իտեալական բարձրության մեջ:

— Բայց խնդրեմ, որո՞նք էին այն անձերը, որոնց դեմ կը խոսեիր քիչ մը առաջ...

— Ի՞նչ անձ,— հարցուց Փանջունի զարմացած:

— Այսինքն «նրանք» որ չեն ուզեր իրենց պարտականությունը ճանչնալ, որ կը հեգնեն ժողովուրդի տառապանքը, որ իրենց պաշտոնի գիտակցությունը կորսնցուցած են և որոնց գլուխը ըստ քեզի, պետք էր ջախջախել:

— Ես որոշ անձեր չունեի աչքի առաջ... նրանք սովորական սեմպոլիք [52] տիպարներ են, վերացականություններ:

— Բայց կ'ըսեիր որ պետք է ուժ ցույց տալ, այդ վատերուն,— դիտել տվի:

— Անշուշտ պետք է ուժ ցույց տալ,— բացատրեց Փանջունի,— թե որո՛ւ դեմ, այդ տարբեր հարց: Նախ պետք է ընդունինք սկզբունքը, այսինքն թե՝ պրոլետարիատը իր իրավունքին պիտի տիրանա իր սեփական ուժերով, պայքարով, անընդհատ կռվով: Այդ մարդիկը եկած էին եկեղեցի այն հույսով թե օգնություն պիտի գտնեն...

— Որմե՞,— ընդմիջեցի:

— Չեմ գիտեր, ես չհետաքրքրվեցա այդ հարցով. արդ,

---

[52] Սեմպոլիք — սիմվոլիկ, խորհրդանշական:

եկեղեցին ոչ ոք կար. ես ահա՛ այդ «ոչ ոք»-ի դեմ էր որ կը խոսեի: Այդ ոչ ոքը ըստ իս հանցավոր էր և պետք էր նրա գլուխը ջախջախել:

— Բայց քու խոսքերդ մեծ խանդավառություն առաջ չբերին:

— Ափսո՛ս,– պատասխանեց Փանջունի,— հողը հարմար չէր, այդ մարդիկը չափազանց անոթի էին հեղափոխական սկզբունքները մարսելու համար:

— Եթե քիչ մը հացի դրամ տայիր իրենց՝ թերևս շատ ավելի օգտակար գործ մը տեսած կ'ըլլայիր,— դիտել տվի:

— Դա կը լիներ բուրժուազիական կեղտոտ միջոց... այդ գործը կատարող ստրկամիտներ կան արդեն: Մենք անսպառ և անկորնչելի հացն է որ կ'ուզենք տալ ժողովուրդին:

Այս տեսությունները պարզելե ետքը՝ ընկեր Փանջունի փոխեց խոսակցության նյութը.

— Հալեպ գեղեցիկ քաղաք է,— հայտարարեց,— և ես դիտավորություն ունիմ այստեղ մնալու:

— Եթե թույլ տան,— պատասխանեցի:

— Մեր տղերքը միջոց կը գտնան զիս պահելու, գնանք մեկ-մեկ պաքլավա ուտենք, սքանչելի կը պատրաստեն այստեղ անուշեղենները:

— Գնանք,— հավանեցա:

— Ես մի մասնավոր խանութ գիտեմ որ մյուս խանութներեն լավագույն է... տղերքը ցույց տվին ինծի:

— Ուրեմն հոն երթանք:

Եվ Փանջունի զիս առաջնորդեց իր նախասիրած խանութը:

Արդարև պաքլավան շատ աղեկ պատրաստված էր: Մեր բարեկամը երեք պնակ կերավ:

— Բայց ճաշի ժամանակ է,— դիտել տվի,— ալ կերակուր պիտի չկրնաս ուտել:

— Կերակուրի համար ալ տակավին տեղ կա,— պատասխանեց,— այստեղ քեպապը սքանչելի կը պատրաստեն:

— Փիտեով մանավանդ:

— Եվ մածունով,— ավելցուց:

Գացինք քեպապճիի մը խանութ և հոն ալ ընկեր Փանջունի մեծ ախորժակով կերավ:

Շաբաթ մը վերջը տագնապալից իրադարձություններե ետքը՝ ստիպվեցա թողուլ Հալեպը և ապաստանիլ Համա[53]:

Փանջունի մնաց հոն:

ՎԵՐՋ

[53] Համա — քաղաք Սիրիայում:

www.ingramcontent.com/pod-product-compliance
Lightning Source LLC
Chambersburg PA
CBHW010400310726
48979CB00017B/2800/J

* 9 7 8 1 6 4 4 3 9 8 6 2 3 *